인공지능 시대에는 누가 부자가 되는가:

세상의 흐름을 읽어야 부의 흐름이 보인다

세상의 흐름을 읽어야 부의 흐름이 보인다

인공지능 시대에는 누가 부자가 되는가

최연구 지음

이오니아북스

인공지능을 모르면 알 수 없는 미래의 부와 문화

단도직입적으로 말하자면, 이 책의 문제의식은 두 가지이다. 하나는 '인공지능 시대에는 누가 돈을 벌게 될까?', 그리고 다른 하나는 '인공지능과 함께 사는 미래의 삶은 어떠할까?'이다. 그 답을 찾기 위해 우리는 기술과 산업, 현재와 미래, 경제와 문화를 오가며 많은 것을 살펴보고 상상하고 예측할 것이다. 사실 미래가 어떻게 될지는 그 누구도 알 수 없다. 그럼에도 우리는 다가올 미래를 상상하고 예측하고 대비해야 한다.

미래학자들은 '미래를 예측하는 가장 좋은 방법은 미래를 창조하는 것The best way to predict the future is to create it'이라는 말을 종종 인용한다. 이 말 그대로 인공지능이 가져올 미래를 예측하는 가장 좋은 방법은 우리가 원하는 미래를 만드는 것이다. 인공지능의 미래는 숙명이 아니라 인간 자신, 그리고 우리 자신에게 달려 있다. 인공지능이 인간의 미래를 결정하는 게 아니라 인간이 우리 자신과 인공지능의 미래를 결정한다는 점을 염두에 두면서 책을 읽어주면 좋겠다.

이 책은 인공지능의 기술적 측면보다는 인공지능이 가져올 미래의 부와 우리 삶의 변화에 대해 주로 이야기할 것이다. 어떤 관점에서 보느냐에 따라 인공지능은 각자에게 다르게 보인다. 개발자 시각으로 본다면 주로 기술의 미래가 보이겠지만, 문화와 경제의 관점에서 보면 인공지능이 바꿀 부의 생태계와 미래 문화에 대해 다양한 상상을 펼칠 수 있다. 과학기술자는 과학기술 측면에서 이야기하고, 인문·사회학자는 인문학적 관점에서 변화를 예측한다. 이 둘 간의 간격은 매우 크지만, 서로 다른 관점과 예측이 어우러지고 서로 부딪칠 때 인류는 좀 더 균형 있는 시각을 가질 수 있다. 하물며 인공지능처럼 인류의 미래에 어마어마한 충격을 가져올 첨단기술에 대해서는 다양한 관점이 제기될 수밖에 없고, 마땅히 그래야만 한다.

분명한 것은 지금 당장 인공지능에 대해 전 지구적으로 엄청난 기대와 두려움이 공존하고 있고, 미래는 결국 인간의 기대와 두려움 사이 어느 지점이 될 것이라는 점이다. 사실 기술의 미래는 기술 자체에 의해 일방적으로 결정되는 게 아니다. 궁극적으로는 기술 정책과 사회적 합의, 기술에 대한 인간의 태도와 가치관 등에 의해 중층적으로 결정된다. 이 때문에 인공지능에 대한 더 많은 사회적 논쟁과 더 많은 대중의 관심이 필요하다.

사람들은 과학기술의 명암을 이야기하면서 과학기술의 위험성에 대해 경고하기도 하지만, 정말 두려운 건 과학기술이 없는 암흑 세상이기도 하다. 과학기술은 만병통치약이 아니며, 많은 부작용과 위험을 동반한다. 그렇다고 해서 과학기술을 버리거나 과학기술이 없는 원시시대로 돌아가기는 쉽지 않은 일이다. 제주도에 가면 게임 회사 넥슨이 만든 '넥슨 컴퓨터 박물관'이 있다. 컴퓨터와 게임의 역사를 한눈에 볼 수 있는 곳인데, 박물관 어딘가에 "나는 컴퓨터가 두려운 게 아니라 컴퓨터 없는 세상이 두렵다"라는 문구가 적혀 있다고 한다. 이처럼 이제 자동차, 스마트폰, PC, 인터넷이 없는 세상은 생각조차 할 수 없게 됐다.

미래에는 인공지능도 마찬가지일 것이다. 인공지능의 환각이나 페이크로 인한 부작용, 윤리적 이슈에 대한 걱정도 많고, 인간 일자리를 빼앗고 대량 실업이 야기될 것이라는 우려도 있다. 하지만 이 모든 문제점에도 불구하고 AI 기술이 일단 우리 삶에 들어오게 되면 인공지능 없이는 살기 힘든 세상이 될 수밖에 없다. 그때 가서 뒷북 치듯이 인공지능의 잠재적 부작용이나 위험성을 심각하게 논의하려고 하면, 이미 너무 늦을 것이다. 발전 초기 단계부터 미리미리 미래에 함께 살 인공지능에 대해 알아가며 진지한 논의도 해야 한다.

당장 인공지능을 모르면 변화에 뒤처지고 불편해지는 건 말할 것도 없거니와, 시장 변화와 돈의 흐름을 이해하기조차 어려울 것이다. 돈의 흐름을 못 읽으면, 돈을 벌 수 없다. 인공지능 시대에는 단언컨대 인공지능을 모르고서는 돈을 벌기 힘들게 될 것이다.

연초에 이 책 집필을 제안받은 후, 필자는 줄곧 책의 내용을 생각하고 고민하고 구상해 왔다. 기고나 강연할 때도 언제나 책 집필을 염두에 두면서 하곤 했다. 일간지 〈머니투데이〉와 〈교수신문〉에 정기 기고한 칼럼, 경남대 인문 교양지 《아레테》와 《카이스트 미래전략》에 기고한 글 등도 책의 맥락에 맞게 수정하고 다시 집필해 포함했다.

책 내용의 상당 부분을 증시에 할애한 것은 이 책의 특징 중 하나이다. 자본주의 경제와 기술 발전에서 증시의 역할과 상징성이 매우 크다고 생각했기 때문이다. 특히 이 책 집필 과정에서도 굵직굵직한 사건 사고와 그로 인한 증시 변화가 많았다. 주요한 사건이나 변화는 그때그때 책 내용에 반영했으며, 여러 번 내용을 수정하기도 했다. 독자들은 변동이 심한 증시 변화에 있어서 시총 순위, 시가총액 등 세부적 수치나 단기적 변화에 주목하기보다는 전체적 흐름과 맥락을 읽어주길 바란다. 큰 호흡으로 증시 변화와 기술 트렌드를 들여다보면, 인공지능 시대에 누가, 어떤 기업이 돈을 벌지 어느 정도 보일 것이다.

또 이 책 테마가 인공지능이다 보니, 불가피하게 요즘 많이 사용하는 생성형 인공지능 애플리케이션을 필자도 많이 사용하고 참고했음을 밝혀둔다. 챗GPT, 제미나이, 클로바X, 클로드 소네트, 미스트랄 등 똑똑한 인공지능 앱과 많은 대화를 나눴고, 이를 집필에 참고하였다. 최근 엔비디아 CEO 젠슨 황이 매일 사용한다는 새로운 AI 앱 퍼플렉시티Perplexity를 통해서 의외의 소득도 얻을 수 있었다. 이런 과정을 하나하나 경험하면서 필자는 인공지능과의 대화로부터 많은 영감과 새로운 아이디어를 얻을 수 있었다.

　이러한 경험과 생각을 담은 책은 네 개의 장으로 구성돼 있다. 첫 번째 장에서는 왜 지금이 인공지능 시대인지, 우리가 살아가는 시대의 특징이 무엇인지 등에 대해 살펴본다. 두 번째 장은 주식시장을 살펴보는 데 할애했다. 자본주의 경제에서 매우 중요한 증시에서 주도적인 기술변화와 돈의 흐름을 살펴보면서 인공지능의 미래를 전망해볼 것이다. 세 번째 장은 인공지능 시대의 경제에 대한 부분이다. 누가, 어떤 기업이 어떻게 돈을 버는지 그리고 미래 인공지능 산업 생태계는 어떻게 형성될지 등에 대해 전망해본다. 마지막 장은 인공지능 시대의 미래 삶과 문화의 변화를 다룬다. 인공지능과 함께 살아갈 미래에는 우리 삶이 어떻게 바뀌고, 우리는 어떻게 미래를 살아야할지 등에 대해 살펴보았다. 각각의 장은 전체적으로는 서로 연결되지만, 또한 독립적인 내용을 다루고 있다. 순서대로 읽어도 되고, 순서와 상관없이 눈길 가는 대로 책을 읽어도 무방하다.

마지막으로 출간을 제안하고 지원해 준 출판사에 감사드린다. 지식정보의 홍수 시대에 또 한 권의 책을 내놓는 것은 두려운 일이지만, 이 책이 인공지능의 현재와 미래를 이해하는 데 조금이라도 도움이 될 수 있다면, 그리고 각자의 미래를 상상하고 준비하는 데 약간의 인사이트라도 줄 수 있었으면 하는 바람 간절하다. 그리고 덤으로 이런 이해와 인사이트가 독자들의 투자에 도움이 되고, 미래에 돈을 버는 데 조금이라도 보탬이 될 수 있으면 더할 나위 없이 좋겠다. 독자 제현의 건승을 기원한다.

2024년 8월

최연구

차례

1장

세상은 지금
이렇게 바뀌고 있다

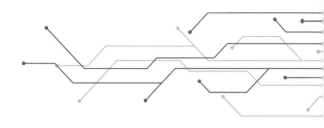

막이 오른 인공지능 시대,
'쿼바디스 AI?'

미래를 이야기할 때 종종 언급되는 SF 작가 윌리엄 깁슨William Gibson의 어록이 있다. 그는 "미래는 이미 우리 곁에 와 있다. 단지 골고루 분배되어 있지 않을 뿐이다The future is already here-it's just unevenly distributed"라고 말했다. 부지불식간에 미래 기술은 우리 삶 속에 이미 들어와 있지만, 모든 사람이 골고루 이를 인지하고 있지는 못하다는 뜻이다.

멀리 갈 필요도 없이 빅데이터, 사물인터넷, 자율주행차, 블록체인, 인공지능 등 첨단기술에 대해 우리는 이미

수년 전부터 신문 기사나 방송 뉴스를 통해 익히 들어 알고 있다. 우리 귀에 충분히 익숙한 이런 기술 관련 용어들은 오늘날 디지털 전환을 주도하는 미래 기술들이다. 첨단기술에 대해 인식하고 있든 그렇지 않든, 지금도 우리 의지와 무관하게 변화는 끊임없이 일어나고 있으며, 우리가 살아갈 미래가 만들어지고 있다. 사람들 대부분이 일상에서 실감하고 있지 못할 뿐이다.

여러 첨단 디지털 기술 중 가장 많은 관심과 주목을 받는 기술은 단연 인공지능이다. 인공지능은 디지털 기술 가운데 가장 똑똑하고 강력한 기술이자 빅데이터의 산물이다. 데이터와 정보, 지식 없이는 인공지능 기술이 가능하지 않다. 데이터 없이 인공지능이 스스로 학습하거나 저절로 지능을 갖출 수는 없기 때문이다.

대량생산에 기반한 전통적 산업사회에서는 상품과 서비스를 생산하고 유통하고 소비하면서 경제가 굴러갔다. 그 과정에서 생산자와 소비자를 자연스럽게 이어준 건 바로 광고였다. 온갖 종류의 상품이 넘쳐나는 현대사회에서 잘 만든 광고 한 편은 소비자의 구매욕을 충동질하고, 이른바 '지름신'을 강령하게 만드는 마성의 힘을 갖고 있다. '자본주의의 꽃'이라고 불리기도 하는 광고는 아주 오랫동안 산업자본주의를 떠받치는 기둥 역할을 해 왔다. 이 때문에 미국의 광고인 데이비드 오길비David Ogilvy는 "세상은 공기와 물 그리고 광고로 이루어져 있다"라며 광고를 찬양했다. 광고는 생산기업과 소비자를 연결하는 매개체 역할을 하며 정보화 사회, 디지털 사회에서도 여전히 중요하다. 다만 산업자본주의 시대의 광고는 신문, 잡지, TV 등의 대중매체가 중심이었지만, 디지털 시대에는 온라인 광고, 소셜미디어 광고 등 디지털 매체로 무게 중심이 이동했다.

이처럼 산업화 시대는 저물었고, 정보화를 넘어 이제 빅데이터 시대, 디지털 전환기로 접어들었다. 오늘날의 세상은 공기와 물, 광고에 더해 데이터로 이루어져 있다고 해도 과언이 아닐 것이다. 아침에 일어나 저녁에 잠들 때까지 우리는 데이터를 보고 듣고 접하며 살고 있다. 또 우리 삶과 행동 하나하나가 흔적처럼 데이터로 남는다. 우리가 주고받는 메일과 메시지도 데이터이고, 출간된 모든 도서, 보고서, 학술 연구논문, 실험기록, 연구일지 등도 데이터이다. 아침에 집을 나서서 여기저기 이동하는 동안 하루에도 수십 번씩 CCTV에 찍히는 영상데이터, 지하철과 버스 단말기에 태그하면 남는 이동시간과 장소와 요금 기록들, 카드 결제 내역, 주고받는 DMDirect Message과 소셜미디어에 시시각각 올라오는 다양한 피드 등 우리 일상의 모든 기록은 데이터로 남는다. 호랑이는 죽어서 가죽을 남기지만, 디지털 시대의 인간은 삶의 기록과 생각을 데이터로 남긴다.

특히 스마트폰과 소셜미디어는 빅데이터의 보고이다. 소셜미디어에는 매일매일 어마어마한 양의 데이터가 생성되어 유통되고 공유되며, 그 대부분은 스마트폰을 통해 이루어진다. 스마트폰과 소셜미디어가 없으면 빅데이터 사회가 가능하지 않다. 스마트폰에 담긴 개인 데이터는 삭제하더라도, 디지털 포렌식으로 복구할 수 있다. 소셜미디어에 한번 피드를 올리면 퍼 나르기와 링크를 통해 나도 모르는 사이에 무한 복제될 수 있다. 종이에 끄적거렸던 기록을 찢어서 쓰레기통에 버리거나 태워 없애면 데이터는 물리적으로 사라지지만, 디지털 사회의 기록은 어떤 식으로든 저장되고 축적되며 지워도 복구가 가능하다. 사회 전체적으로 보면, 개개인이 생성하고 사회적으로 축

인공지능 시대에는 누가 부자가 되는가

적되는 방대한 데이터는 가공을 거쳐 유용한 정보가 되고, 인류 전체의 지식으로 축적돼 다음 세대에 전승되기도 한다. 이런 방대한 데이터, 정보, 지식을 학습해 세상의 모든 것을 알고, 이를 바탕으로 현명하게 판단할 수 있는, 인류 지식의 결정체가 바로 'AIArtificial Intelligence'라고 불리는 인공지능이다. 인공지능은 인간 개개인의 지식을 다 모아 놓은 총합보다도 똑똑하다. 앞으로 인간의 지식과 사상, 기술이 발전하면 할수록 지식과 데이터는 더 방대해질 것이고, 그만큼 인공지능 또한 더 스마트해질 수밖에 없다.

인간의 학문과 사상, 기술과 예술 그리고 자연과 생명 등 세상의 모든 것에 대한 방대한 지식을 모아 체계적으로 정리해 놓은 것을 '백과사전'이라고 한다. 요컨대 백과사전은 인류 지식의 집대성이라 할 수 있다. 역사적으로 18세기 중반 계몽 시대에 프랑스에서는 '백과전서파 운동'이 있었다. 드니 디드로Denis Diderot, 장 달랑베르Jean d' Alembert를 주축으로 당대에 내로라하는 최고 권위의 지식인들이 대거 참여해 분야별 지식에 대해 저술하고 이를 알파벳순으로 배열한 백과사전을 발간하기 시작했다.

1751년부터 1772년까지 28권이 발간되었는데, 이는 7만 1,818개 항목에 대한 설명과 3,129개의 삽화를 담고 있는 지식의 대기록이었다. 이 어마어마한 기록은 인류 지성사의 거대한 성과였지만, 오늘날의 인공지능이 가지고 있는 지식에 비하면 그야말로 '새 발의 피' 정도에 불과하다. 그만큼 디지털 기술은 엄청나고, 기술사에서 인류 지식의 축적과 발전에 기여한 공도 크다.

인공지능이 우리 일상으로 들어온 것은 비교적 최근의 일이다. 하지만 인공지능의 역사는 꽤 오래전으로까지 거슬러 올라간다. 1950년, 영국의 수학자 앨런 튜링Alan Turing은 '생각하는 기계'와 같은 컴퓨터의 개념과 원리를 논문으로 발표했다. 그리고 1956년, 미국 다트머스 대학에서 열린 다트머스 회의 때 '인공지능Artificial Intelligence'이라는 용어가 처음으로 등장했다. 인공지능 연구의 역사에서 큰 획을 그었던 이 역사적 회의에서 미국의 컴퓨터 과학자 존 매카시John McCarthy가 인공지능이라는 용어를 처음 사용했지만, 당시만 하더라도 개념 정도에 불과했을 뿐이다. 1950년대 말부터 AI 연구가 본격적으로 시작됐고 컴퓨터가 인간의 지능을 대신할 것이란 기대감에 크게 주목받았다. 그러나 아무리 투자하고 연구를 계속해도 인간을 대신할 만한 컴퓨터는 나오지 않았다. 1970년대, 1980년대는 인공지능 연구의 침체기였다. 인공지능 연구비는 줄고 관심이 감소했던 이 시기를 '인공지능의 겨울AI Winter'이라 부른다. 하지만 겨울이 지나면 봄이 오듯, 드디어 인공지능이 활짝 꽃을 피우는 봄을 맞게 된 셈이다.

2016년 구글 딥마인드가 개발한 바둑 인공지능 '알파고'는 바둑 천재 이세돌 9단과의 대국에서 4대 1로 압승을 거두며 가공의 위력을 보여주었고, 전 세계는 큰 충격에 휩싸인다. 이른바 '알파고 쇼크'이다. 두 번째 충격적 사건은 코로나19 팬데믹이 한창이던 2022년 11월 말, 오픈AI 사가 개발한 생성형 인공지능 '챗GPT(GPT 3.5버전)'의 출시이다.

알파고 쇼크 이후 대중은 본격적으로 인공지능에 관심을 가지기 시작했지만, 당시 전문적인 의료용 AI 왓슨이나 바둑 AI 알파고는 보통 사람이 쉽게 접할 수 있는 게 아니었다. 주변에서 접할 수 있는 인공지능이라고 해봐야 기껏 인공지능 번역 SW, 스마트폰에 탑재된 약한 인공지능 아니면 AI 스피커 정도에 불과했다. 하지만 챗GPT는 달랐다. 인공지능이 대중을 만나는 방식이 이전과 완전히 다른 차원이었다. 소위 '컴·알·못(컴퓨터를 알지 못하는 사람)'이라 할지라도 누구나 쉽게 사용할 수 있게 대중적 '채팅 앱'으로 공개되었기 때문이다. 기존에는 전문가 영역에 갇혀있던 인공지능이 대중의 관심사로 쑥 들어온 것이었다. 때문에 사회적 충격과 파급효과 또한 어마어마할 수밖에 없었다. 챗GPT는 출시 5일 만에 사용자 100만 명을 돌파했고, 2개월 만에 월 적극 사용자(MAU)가 1억 명에 도달하는 전대미문의 대기록을 세웠다.

한편 2019년 12월 중국 후베이성 우한시에서 코로나19 바이러스가 처음 확인된 후 이듬해 벽두부터 전 세계적으로 바이러스가 창궐한 글로벌 팬데믹이 시작됐다. 이는 인류가 맞은 엄청난 재앙이었고, 세상을 근본적으로 바꿔 놓았다. 비대면 생활, 사회적 거리두기, 재택근무, 온라인 학습 등은 '뉴 노멀New Normal'이 되었다. 사람들은 이제 더 이상 코로나19 이전으로는 돌아갈 수 없을 것이라고 말하고 있다. 예수 탄생을 기점으로 기원전(BC, Before Christ)과 기원후(AD Anno Domini, 주님의 해라는 뜻)로 나누던 방식을 패러디하여, 코로나19 이전은 BC(Before

Corona), 이후는 AC(After Corona)로 나누는 새로운 방식이 제기되었을 정도이다. 챗GPT 역시 그 충격과 파장이 커서 챗GPT 이전은 BC(Before ChatGPT), 이후는 AC(After ChatGPT)로 나누자는 제법 그럴싸한 이야기도 들리고 있다.

이처럼 알파고, 챗GPT 등의 첨단 인공지능은 오늘날 세상의 규칙과 판도를 바꾸는 '게임 체인저'가 되고 있다. 앞으로의 세상은 '인공지능 시대'가 될 것이다. 인공지능은 개인의 선호 문제가 아니며, 이를 받아들일지 말지 선택의 문제도 아니다. 싫든 좋든 우리는 누구나 인공지능과 함께 살아야 할 것이다. 그런 의미에서 본다면, 인공지능의 미래는 곧 인류의 미래라고 해도 과언이 아니다. 인류의 미래는 상당 부분 인공지능과 함께 어떻게 살 것인가에 달려 있기 때문이다.

성경에 의하면, 예수의 제자 시몬 베드로는 예수에게 "쿼바디스 도미네(Quo Vadis Domine, 주여 어디로 가시나이까)"라고 묻는다. 이에 예수는 "지금은 내가 가는 곳으로 따라올 수 없다. 그러나 나중에는 따라오게 될 것이다"라고 대답했다. 이제 인류는 "쿼바디스, AI"라고 묻고 있다. 신은 인간을 만들었지만, 첨단 디지털 시대의 인간은 스스로 생각하고 학습하는 인공지능이라는 존재를 창조했다. 역사학자 유발 하라리는 인공지능 같은 기술을 통해 막강한 힘을 갖게 된 오늘날의 인간을 신이 된 인간, 즉 '호모 데우스Homo Deus'라고 명명한다. 앞으로 인공지능이 어디로 갈지, 그 답은 우리 인간이 스스로 찾아야만 한다. 우리가 인공지능의 현재와 미래에 관심을 가지고 주목해야 하는 이유이다.

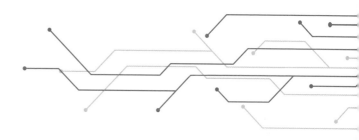

동전의 양면 같은
신기술과 새로운 문화

미래를 예측하려면, 무엇보다 기술변화를 제대로 읽어야 한다. 미래학자나 미래 예측 전문가들도 환경변화 분석이나 미래 예측에서 기술변화를 가장 중요하게 생각한다. 미래학의 역사를 살펴보더라도 현대적인 미래 예측 기법은 대부분 기술 예측으로부터 시작되었다. 우리나라에서 미래 연구, 미래 예측을 전문적으로 하는 주요 기관으로 KISTEP(한국과학기술기획평가원), STEPI(과학기술정책연구원), NIA(한국지능정보사회진흥원), KAIST 문술미래전략대학원 등을 들 수 있는데, 모두 과학기술 관련 기관이거나 대학이다.

기술 발전과 혁신은 대부분 문화변동을 수반한다. 기술로부터 변화가 시작되지만, 궁극적으로 중요한 것은 문화변동, 즉 인간 삶의 변화이다. 이 때문에 기술과 문화의 관계에 대한 이해가 필요하다. 기술과 문화는 서로 영향을 주고받는 역동적 관계에 있다. 사회과학자들은 사회변동의 3대 요인으로 발명, 발견, 문화전파 등 셋을 꼽는데, 첫 번째 요인인 발명 중에서도 가장 중요한 부분이 기술 발명이다. 종이의 발명, 인쇄술의 발명, 나침반의 발명, 인터넷의 발명, 스마트폰의 발명 그리고 인공지능의 발명에 이르기까지 혁신적인 기술의 발명은 사회와 문화 그리고 인간의 삶을 근본적으로 바꿔놓았다.

《총 균 쇠》의 저자 재레드 다이아몬드Jared Diamond는 '발명'과 '필요'의 역할을 설명하는데, 그의 논의를 바탕으로 인공지능이라는 발명품의 미래에 대해서도 생각해 볼 필요가 있다.

"필요는 발명의 어머니라는 통념은 (...) 사회에 총족되지 않은 욕구가 있을 때, 혹은 어떤 과학적 도구가 불만족스럽거나 제한적이라고 인식될 때 발명이 이루어진다는 뜻이다. 상당수의 발명이 '필요는 발명의 어머니'라는 통념과 맞아떨어진다. (...) 하지만 실제로는 호기심 많은 사람들이 만지작거리다가 대부분의 발명품이 나오는 것이지, 그들이 발명하려는 물건에 대한 수요가 처음부터 있어서 발명한 게 아니다. 어떤 물건을 발명하면 발명가는 그걸 적용할 곳을 찾아내야 한다. 그리고 그걸 상당 기간 사용한 후에야 소비자는 그 물건이 '필요한 것'이라고 느낀다. (...) 따라서 '필요가 발명의 어머니'인 게 아니라 '발명이 필요의 어머니'인 경우가 많다."[*]

　이처럼 '필요가 먼저인가, 발명이 먼저인가'에 대한 답은 없다. 필요에 따라 수요가 있어서 발명이 이루어지는 때도 있고, 우연히 발명된 후 사회적으로 확산되고 대중들이 사용하면서 필요를 느끼기도 한다. '인공지능'이라는 발명은 이미 이루어졌고, 현재 기술적 도약과 발전이 빠르게 진행되고 있다. 인공지능 기술을 사용하는 소비자가 늘어나고 대중들이 정말 필요한 것이라 느끼게 될 때, 인공지능은 거대한 산업으로 확대되고, 우리의 일상적 문

---

[*] 《총, 균, 쇠》 (재레드 다이아몬드, 김영사, 2023) 383~389쪽

화로 정착될 수도 있을 것이다.

역사적으로 새로운 기술의 등장이 사회 전반에 걸친, 광범한 변화를 수반해 온 사례는 많다. 또 사회적으로 수용되는 과정을 거쳐 기술은 문화에 직접 영향을 미쳐 새로운 문화 트렌드와 가치관의 변화로 이어지기도 했다. 오늘날 빅데이터, 인공지능, 가상현실, 증강현실 등 첨단 기술의 발전은 우리의 업무, 소통, 학습 방식이나 사고방식에 혁신적 변화를 일으키고 새로운 문화를 탄생시키는 원동력이 될 수 있다.

요컨대, 새로운 기술은 새로운 문화를 만들 수 있다. 이는 신기술로 인한 경험과 소통의 변화를 의미한다. 가령 인공지능과 가상현실 기술은 이전에는 불가능했던 새로운 경험을 제공한다. 사이버스페이스나 메타버스 등 가상공간은 사용자를 현실 세계와 완전히 다른 세계로 데려가 새로운 경험을 맛보게 해준다. 첨단 디지털 기술의 도움으로 우리의 감각과 경험이 확장될 수 있다. 어느새 일상이 된 소셜미디어 같은 온라인 플랫폼은 우리의 소통 방식을 완전히 바꿔 놓았다. 또 생성형 인공지능을 기반으로 하는 챗봇은 일상적 언어로 우리와 자연스러운 대화

인공지능 시대에는 누가 부자가 되는가

를 나누며 유용한 정보와 서비스를 제공하고 있다. 이런 기술들은 엔터테인먼트, 교육, 의료, 금융, 문화콘텐츠 등 다양한 분야에서 새로운 문화 트렌드를 만들어 낸다. 기술에 대한 이해 없이는 문화 트렌드의 변화를 온전히 파악하기 어려울 정도이다.

신기술은 우리의 가치관과 정체성에도 영향을 미친다. 소셜미디어는 개인의 이미지와 평판을 중요하게 여기는 문화를 만들고 있고, 온라인 게임은 경쟁과 협력의 중요성을 강조하는 게임 문화를 만들기도 한다. 지금 인공지능 기술의 발전은 우리 인간으로 하여금 인간의 정체성이나 인간과 기계의 관계에 대해 근본적인 질문을 던지게 한다. 신기술은 신문화를 낳고, 기술 발전 속도가 빨라지면 문화변동 속도도 빨라진다. 디지털 기술은 현기증을 느낄 만큼 더 빨라지고 있기에, 우리는 빠른 변화에 적응하는 것 자체가 점점 어려워지고 있다.

이렇듯 디지털 기술과 디지털 문화는 동전의 양면 같은 관계이다. 디지털 기술의 도움 없이는 뮤지컬 공연, 미디어 파사드, OTT 스트리밍, 온라인 채팅, 마이크로 커뮤니티 등 그 어떤 것도 가능하지 않다. 디지털 기술과 문화는 상호 작용을 통해 우리 사회를 변화시키는 강력한 힘으로 작용한다.

문화는 수단이 아니라 목적이며, 인간을 인간답게 만드는 가치이다. 문화의 사전적 정의는 '자연 상태에서 벗어나 일정한 목적 또는 생활 이상을 실현하고자 사회구성원에 의하여 습득, 공유, 전달되는 행동 양식이나 생활 양식의 과정 및 그 과정에서 이룩하여 낸 물질적·정신적 소산'이다. 원래부터 존재했던 자연이 아니라 역사적·사회적으로 인간이 만들고 발전시켜 온 유무형의 모든 산물이다 문화이다. 그런 점에서 디지털 전환기의 디지털 기술은 인간의 삶과 행동에 가장 큰 영향을 미치고 있고, 인간이 가장 많이 사용하는 도구가 되었다. 디지털 도구를 만들고 사용하는 것이 바로 디지털 문화이다. 지금으로서는 그중에서도 인공지능이 인간이 만들고 사용하는 가장 지능적 도구이며, 디지털 문화의 상징이라고 할 수 있다.

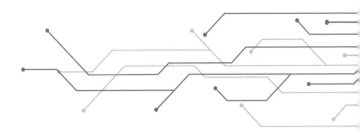

운칠기삼이 아니라
기술이 7할인 테크놀로지 사회

우리는 기술이 변화의 핵심 동인이며 테크놀로지가 완전히 압도하는, 그런 시대를 살고 있다. 세계 경제를 주도하는 것은 빅테크 기업이고, 한 나라의 미래 먹거리를 담보해 주는 건 첨단 테크놀로지이다. 4차 산업혁명을 주도하는 핵심기술은 신산업과 새로운 일자리를 창출하고, 기술 트렌드와 경제 패러다임을 근본적으로 바꾸고 있다.

테크놀로지는 어디에나 존재한다. 이제는 전통산업, 디지털 신산업을 가리지 않고 디지털 테크놀로지가 곳곳에 스며들어 새로운 산업과 시장을 만들고 있다. 교육, 문화, 업무를 가리지 않고 우리 일상 속으로 깊숙이 들어오고 있다. 아날로그 영역과 디지털 영역을 나누는 것이 무의미할 정도이다. 가령 테크놀로지가 교육과 만나면 에듀테크EduTech가 되고, 법률 시장과 만나면 리컬테크LegalTech가 되며, 금융과 만나면 핀테크FinTech가 된다. 오랫동안 전통적인 오프라인 시장이었던 부동산 영역에서도 디지털 기술이 접목되면서 '프롭테크PropTech'라는 신기술이 만들어졌다. 프롭테크는 부동산Property과 테크놀로지Technology의 결합으로 만들어진 신조어이다. 직방, 다방, 호갱노노 등은 대표적인 프롭테크 애플리케이션이다. 요즘 적잖은 사람이 집이나 방을 구할 때 부동산 사무실로 가지 않고 애플리케이션을 사용한다. 2018년 11월에는 26개의 부동산 기업과 스타트업이 모여 프롭테크 산업 성장과 발전을 위해 '한국프롭테크포럼'이라는 이익단체를 설립했고, 2024년 현재 회원사만 해도 339개에 이른다.

첨단 테크놀로지는 점점 더 영역을 넓혀가고 있고, 때문에 계속해서 신조어들이 만들어지고 있다. 최근에는 여성female과 기술이 만나는 펨테크Femtech라는 신조어가 등장했다. 이는 여성의 건강관리, 경험 및 삶의 질 관련된 상품과 서비스, 기술을 말한다. 이뿐만 아니라 테크놀로지가 관리·감독 기능과 만난 섭테크(Supervision + Tech), 규제·조절 기능과 만난 레그테크(Regulation + Tech), 농업과 접목된 어그테크(Agriculture+ Tech), 기후 기술 분야의 기후 테크(Climate + Tech), 고령 친화기술을 뜻하는 에이지테크(Age + Tech), 스토리텔링과 만난 스토리테크(Story + Tech), 블록체인 기반으로 비싼 미술품 지분을 나눠 사고파는 아트테크(Art + Tech)에 이르기까지 테크놀로지가 닿지 않는 영역은 찾아볼 수 없을 정도이다.

옛날에도 생활 속 실용 기술은 필요했었다. 부동산이나 주식투자를 잘해서 재산을 증식하는 기술을 재테크라고 불렀고, 합법적으로 세금을 줄이고 세제 혜택을 받기 위해서는 세稅테크가 필요했다. 하지만 이런 실용적 기술은 있으면 좋고, 없어도 그만이었다. 하지만 이제는 모든 게 달라졌다. 과거에는 생활에서 운이 70%, 능력과 기술이 30%임을 의미하는 '운칠기삼'을 이야기했었지만, 이제는 그 반대일 것이다. 기술과 능력, 지식의 비중이 점점 커지고 중요해지고 있어 '운삼기칠' 사회가 되고 있고, 앞으로는 테크놀로지의 비중이 더 커질 것이다.

특히 디지털 전환 시대에는 첨단 디지털 기술이 중요하고, 이 모든 기술의 끝판왕은 결국 인공지능 기술이 될 것이다. 앞서 언급했던 에듀테크, 프롭테크, 리걸테크, 핀테크 등 다양한 영역에서도 인공지능 기술은 이미 많이 사용되고 있다. TV 광고를 보면, 인공지능을 결합한 상품이 넘쳐나고 있으며, 어떤 광고는 인공지능으로 제작한 영상이기도 하다.

한 디지털 매체는 기자가 인공지능 영어학습 애플리케이션을 써본 후기를 아래와 같은 기사로 소개했다.

"거참 인공지능 강사님 호락호락하지 않네... 국내 이용자들 사이에서 말해보카와 스픽 등과 함께 3대 영어회화 학습 애플리케이션(앱) 서비스로 등극한 '프랙티카 Praktika'를 최근 써본 후 느낀 점이다. (...) 이 앱은 2022년 미국 캘리포니아에 설립된 스타트업 프랙티카.ai가 개발해 서비스 중이다. AI 강사들은 오픈AI의 최신 거대언어모델(LLM)인 GPT-4를 기반으로 학습해 독보적인(?) 회화 능력을 갖췄다. 앱에 입장하고 간단한 가입 절차를 마치면, 3차원 그래픽에 특화된 유니티 엔진으로 만든 AI 강사 25명이 반갑게 이용자를 맞이한다. 각각 다른 민족성

인공지능 시대에는 누가 부자가 되는가

과 성장배경을 가졌으며 구사하는 영어 사투리도 미국식, 영국식, 오스트레일리아식 등으로 다 다르다. 이들 강사와 150개 주제별 대화를 나눌 수 있다. 녹음된 파일을 듣고 강사와 해당 내용을 공부할 수 있는 기능도 제공한다."*

이런 기사를 읽다 보면, 당장 해보고 싶은 유혹을 떨치기가 어렵다. 실제 우리 주변에서 인공지능 학습 앱으로 외국어를 공부하는 사람도 어렵지 않게 찾아볼 수 있다. 우리 생활 속에 스며드는 중이고, 인공지능 학습 상품에 소비자들은 지갑을 열고 있다.

아무튼 인공지능과 함께 사는 세상에서 이런 모습은 SF 영화에 나오는 먼 미래가 아니다. 디지털 전환과 인공지능 전환은 현재진행형이다. 디지털 기술이 도입되는 모든 영역에서 디지털 전환이 일어나고 있으며, 디지털 전환이 진행되다 어느 순간 인공지능 기술 적용과 인공지능 전환으로 넘어가는 것은 자연스러운 수순일 것이다.

---

* 최연두 기자, "졸려도 조금만 더... AI영어쌤 마르코는 지칠 줄 몰랐다", 이데일리, 2024.7.27

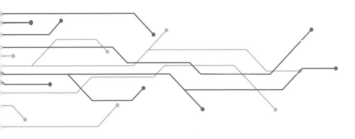

소프트웨어가
세상을 움직인다

　과거에는 상상도 못했던 일들이 이제는 소프트웨어 덕분에 가능해졌다. 스마트폰 하나만 있으면 쇼핑, 결제, 금융 거래까지 손쉽게 할 수 있고, 인터넷을 통해 전 세계 사람들과 소통할 수 있다. 빅데이터, 사물인터넷, 인공지능 등 첨단기술은 모두 소프트웨어를 기반으로 작동한다. 디지털 전환 시대의 변화를 읽는 중요한 키워드 중 하나로 'SDx(Software-Defined everything)'를 들 수 있다. '소프트웨어에 의해 모든 것이 정의되고 제어된다'라는 의미이다. 과거에는 하드웨어에 의해 결정되고 제어됐던 기능을 이제는 소프트웨어로 구현하고 조절할 수 있다. 직접 손으로 만지고 조작하지 않아도 소프트웨어로 시뮬레이션하고 제어·조절할 수 있으며, 네트워크를 통해 원격으로도 가능하다.

네트워크를 예로 들자면, 과거에는 라우터와 스위치 같은 하드웨어 장치들이 연결 방식을 결정했다. 하지만 'SDN(Software-Defined Networking)' 기술이 등장하면서 네트워크 구성과 관리를 소프트웨어에서 수행할 수 있게 되었다. 우리나라 자율주행차 선두 주자 현대차도 미래전략으로 SDx를 강조하고 있다. 매년 미국 라스베이거스에서 열리는 세계 최대 규모의 기술 전시회인 CES의 2024년도 행사에서 현대차는 그룹의 중장기 전략이 SDx라고 발표한 바 있다. 현대차가 제시한 SDx는 모든 이동 솔루션과 서비스를 자동화·자율화하고 끊임없이 연결하는 것이다. 차체와 소프트웨어를 분리해 개발하던 기존 방식에서 벗어나 차량 아키텍처(구조) 자체를 소프트웨어를 기반으로 바꾸겠다는 것이다.[*]

---

[*] 이다원 기자, "현대차, 차와 모든 것을 잇는다...중장기 SW 전략 발표(CES 2024)". 이데일리, 2024.1.9

테슬라나 현대차 등 오늘날의 글로벌 자동차 기업은 우리가 알고 있던 기존의 자동차 기업과는 완전히 다르다. 산업화 시대의 자동차는 석유와 내연기관으로 구동됐지만, 전기차와 미래의 자율주행차는 소프트웨어로 구동된다. 소프트웨어로 제어·구동되는 전기차와 자율주행차는 이를테면 '움직이는 디지털 기계'라고 할 수 있다. 최종 목표인 완전자율주행 단계에 이르면 자동차는 사람이 개입하지 않아도 자율적으로 혼자 움직일 수 있으며, 이 단계 자동차는 '움직이는 컴퓨터'에 가깝게 될 것이다. 완전자율주행 단계가 되면 자동차, 비행기, 드론, 배 등 인위적인 구분은 별 의미가 없을 것이다. 자율 자동차든 드론이든 관계없이 소프트웨어로 움직이는 모든 교통수단은 '스마트 모빌리티Smart Mobility'가 된다. 가장 강력한 소프트웨어가 인공지능인 만큼, 완전자율주행 단계에서는 모든 스마트 모빌리티에 인공지능이 탑재될 것이다. 그런 점에서 보면 테슬라나 현대차는 자동차 제조기업이면서 동시에 디지털 빅테크 기업이고, 미래에는 인공지능 기업으로 변모할 것이다.

예컨대, 글로벌 전기차 1위 기업 테슬라의 구독형 소

프트웨어 'FSD Full Self-Driving'는 테슬라 기술력의 상징이다. 이 소프트웨어는 완전자율주행 기능을 구현하려는 '첨단 운전자 지원 시스템(ADAS)'으로 주변 환경을 인식하고 분석하여 스스로 안전하게 주행할 수 있도록 지원하고 있는데, 현재는 기존 오토파일럿 기능을 업그레이드한 정도이다. 하지만 궁극적으로는 사람의 개입 없이 소프트웨어로만 자율적으로 구동되는 완전자율주행을 목표로 하고 있고, 그러자면 차량 맞춤형 인공지능 장착이 필수이다.

한편, SDx는 자동차뿐만 아니라 네트워킹, 스토리지, 컴퓨팅, 보안 등 다양한 분야에서 광범하게 활용되고 있다. 스토리지 장치의 하드웨어 구성과 관계없이 소프트웨어로 용량 관리, 성능 조정, 데이터 보호 등을 수행하면 '소프트웨어 정의 스토리지(SDS)'가 되고, 차량 엔진, 브레이크, 조향 등을 소프트웨어로 제어해 자율주행 기능을 구현하면 '소프트웨어 정의 자동차(SDV)'가 된다. SDx 개념은 기존 산업에 엄청난 혁신을 가져올 것이며, 더 많은 분야로 확대돼 궁극적으로는 모든 분야에 적용될 수 있다. 오늘날의 소프트웨어는 단순히 기계나 컴퓨터를 작동하는 디지털 프로그램이 아니라, SF 영화 〈매트릭스〉에 나오는 매트릭스처럼 세상을 움직이는, 보이지 않는 시스템 같은 것이다. 영화 속 매트릭스는 단순한 가상현실 시스템이 아니라 복잡한 시뮬레이션 프로그램이고, 소프트웨어 프로그램으로 세상을 움직이는 가상 세계이다. 소프트웨어와 하드웨어가 연결되고, 소프트웨어 시스템이 물리적 세상을 움직인다는 영화 속 상상은 머지않은 미래에 현실이 될 수 있다. 디지털 알고리즘과 소프트웨어, 인공지능이 여는 새로운 미래 세상이다.

그리고 이러한 소프트웨어의 종착점은 아마 인공지능일 것이다. 1950년대 천재 수학자 앨런 튜링의 '생각하는 기계'라는 개념은 당시로서는 허무맹랑하고 공상적 아이디어에 불과했다. 하지만 결국 컴퓨터가 이를 현실로 구현했고, 컴퓨터의 지능화는 오늘날의 인공지능으로 발전했다. 김연경 선수가 등장하는 TV 다이어트 광고의 카피를 보면, '성공은 한 번에 빠르게'가 아니라 '하나씩 바르게'라는 것을 강조하는 문구가 나온다. 오늘날 생성형 인공지능도 한 번에 빠르게 이루어진 게 아니라 하나씩 이루어진 기술의 성과가 축적되고 집약된 결과물이다.

점점 커지는
인공지능 원팀 생태계

디지털 전환기의 기술 트렌드를 주도하는 첨단기술은 인공지능이다. 그런데 복잡한 인공지능 기술을 개발하고 운영하려면, 많은 세부 기술과 하드웨어, 디바이스 등이 필요하다. 예를 들어 머신러닝, 딥러닝 등 알고리즘 기술, 자연어 처리(NLP), 데이터 마이닝 및 분석 기술, 신경망 아키텍처 설계 기술 등을 들 수 있다. 고성능 GPU(그래픽 처리장치), TPU(텐서 처리장치), 대용량 메모리, 고속 SSD 저장장치 등 하드웨어 역시 필수이다. 또 데이터센터와 클라우드, 스마트폰, 태블릿 PC, 로봇 플랫폼 등의 디바이스도 있어야 한다. 2024년 세계 증시를 이끌어온 세 기업은 인공지능 디바이스(스마트폰)를 만드는 기업(애플), 인공지능 소프트웨어 기술 기업(마이크로소프트), 그리고 인공지능 반도체 기업(엔비디아)이다. 이런 기술과 기업이 서로 얽혀 인공지능 산업의 가치사슬을 이루고, 나아가 하나의 산업 생태계를 형성하게 될 것이다.

특히 지금 당장 국가 기술 정책이나 증시에서 가장 중요한 이슈는 반도체와 인공지능이다. 가령 오픈AI의 챗GPT, 애플의 인텔리전스 전략, 구글의 생성형 AI 제미나이, 엔비디아의 AI GPU 등은 증시를 좌우하는 키워드들이다. 세계 10대 기업 중 7개가 인공지능과 반도체 관련 기업이라는 점만 보더라도, 기술적으로나 산업적으로 인공지능과 반도체가 얼마나 중요한지 확인할 수 있다.

정보통신기획평가원의 ICT 10대 이슈 보고서를 보더라도 인공지능과 반도체는 항상 가장 중요한 최상위 이슈로 꼽히고 있다. 2023 ICT 10대 이슈에서는 첫 번째가 '반도체, 새로운 가능성을 보다', 두 번째가 '인공지능, 혁신의 허들을 넘다'였고, 2024 ICT 10대 이슈에서는 첫 번째가 '모든 곳의 AI, 경량화로 실천한다', 두 번째가 '반도체 성능혁신의 주역을 찾다'로 그 순서만 바뀐다. 반도체와 인공지능을 대체할 혁신적인 기술이 나오지 않는 한, ICT 분야 최대 이슈는 '반도체와 인공지능'이 될 것이다.

그런데 인공지능과 반도체는 항상 하나의 조합처럼 묶여 있다. 왜 그럴까. 인공지능과 반도체가 어떤 관계인지 이해하기 위해, AI 챗봇인 앤스로픽의 클로드와 오픈AI의 챗GPT에게 각각 물어보았다. 어떻게 질문하고 요청하느냐에 따라 다른 답을 내놓기 때문에 프롬프트(질문이나 요청)가 중요한데, 이 두 AI 앱에 던진 프롬프트는 "반도체와 인공지능의 관계를 예를 들어 알기 쉽게 설명해달라"였다. 이 요청에 대해 클로드와 챗GPT는 서로 다른 비유를 들어 설명해 주었다.

먼저, 클로드는 반도체와 인공지능의 관계를 뇌와 책의 관계에 비유했다. 반도체는 뇌와 같은데, 뇌는 우리 몸의 중앙 처리장치로 모든 정보를 처리하고 결정을 내린다. 마찬가지로 반도체는 컴퓨터나 AI 시스템의 '뇌' 역할을 하며 모든 계산과 데이터 처리를 수행한다는 것이다. 반면 인공지능은 책과 같다. 책은 지식과 정보를 담고 있지만 그 자체로는 아무것도 할 수 없다. 인공지능 알고리즘도 지식과 패턴을 담고 있지만 이를 실행할 뇌가 필요하다. 뇌(반도체)가 책(인공지능)을 읽고 이해하고 활용할 때 비로소 지식이 실제 행동과 결정으로 이어지듯이, 반도체가 인공지능 알고리즘을 실행하고 처리할 때 AI 시스템이 작동한다. 따라서 반도체는 인공지능의 물리적 기반이며, 인공지능은 반도체에 '지능'을 부여하는 소프트웨어라고 볼 수 있다.

챗GPT는 조금 다르게, 자율주행 자동차를 예로 들어 관계를 설명했다. 자율주행차가 움직이려면 엔진, 연료, 컴퓨터 시스템 등이 필요한데, 반도체는 엔진 역할, 데이터는 연료, 알고리즘은 운전 방식, 컴퓨터 시스템은 자동차에 해당한다는 것이다. 반도체는 인공지능의 계산과 데이터 처리를 담당하므로 인공지능을 작동하는 엔진과 같다. 인공지능은 데이터를 갖고 학습하고 작동하며 데이터가 많을수록 더 똑똑해지므로 데이터는 연료와 같다. 또 자동차 운전 방식(매뉴얼, 자동, 자율주행 등)은 엔진 성능을 최대한 끌어내는 방법인 것처럼 알고리즘은 반도체의 계산능력을 최대한 활용하는 방법이다. 컴퓨터 시스템은 자동차와 같다. 엔진(반도체), 연료(데이터), 운전 방식(알고리즘)이 모두 조합되어야 자동차(인공지능 컴퓨터 시스템)가 목적지까지 이동할 수 있듯이, 컴퓨터 시스템은 반도체와 데이터를 통해 인공지능을 구동한다.

이렇게 클로드와 챗GPT는 반도체와 인공지능의 관계를 비유를 들어 쉽게 설명해 준다. 어느 비유가 더 적절하고 더 설득력이 있는지 판단은 각자의 몫이겠지만, 둘 다 나름대로 적절한 비유라고 생각한다. 뇌 역할 없이 책은 아무것도 할 수 없고 엔진과 연료 없이 자동차가 움직일 수 없듯이, 인공지능 구동을 위해서는 반도체와 데이터가 필수라는 점은 분명하다.

이런 맥락에서 보면, 구글은 세계 최대의 검색엔진을 가지고 있는 데이터 기업으로 인공지능 개발에 최적의 회사이다. 애플의 경우, 모바일 컴퓨터나 다름없는 디지털 디바이스, 즉 스마트폰의 최강자이므로 인공지능을 탑재하고 구동할 플랫폼 역할을 할 수 있는 기업이다. 또 엔비디아는 스마트폰, 인공지능, 컴퓨터, 태블릿 등을 구동하는 데 필수적인 그래픽 처리장치, 즉 AI 반도체를 설계하고 디자인하는 팹리스fabless 반도체 기업이고, 이 설계도를 바탕으로 AI 반도체를 제조·생산하는 최대의 파운드리 기업은 대만의 TSMC이다. 엔비디아가 연구·개발에 집중하는 소프트웨어 회사라면, TSMC는 하드웨어 제조사이다. 이처럼 구글, 애플, 엔비디아, TSMC 등은 인공지능과 반도체를 중심으로 밸류 체인을 이루고 있는 대표적인 기업들이다.

한편, 2024년 9월 '아이폰 16'을 출시한 애플은 이에 앞서 열었던 자사 주최 세계개발자회의WWDC*에서 생성형 인공지능 챗GPT를 스마트폰 디바이스에 결합해 인공지능 스마트폰으로 업그레이드하겠다는 '애플 인텔리전스' 전략을 발표해 눈길을 끈 바 있다. 사용자 맥락과 맞춤형 경험을 제공하는 인공지능 기반의 개인용 스마트 시스템을 구축하겠다는 계획이었기 때문이다. 새로 출시된 애플의 AI 스마트폰 모델은 아직 제한적이기는 하지만, 글쓰기 교정, 자동 요약, 이미지 생성, 언어번역, 맞춤형 콘

---

* 미국의 빅테크 기업들은 매년 개발자 컨퍼런스를 개최하여 최신 기술과 미래 비전을 발표, 공유한다. 애플의 WWDC는 애플 생태계 운영 체제의 새로운 기능이나 변화, 미래전략 등을 소개하는 연례 컨퍼런스이다. 이런 기술 컨퍼런스로는 엔비디아의 GTC(GPU Technology Conference), 마이크로소프트의 Build, 구글의 Google I/O(I는 숫자 1, O는 숫자 0을 의미, 즉 0과 1 비트를 의미), 메타의 Connect, 아마존의 AWS re:Invent 등을 들 수 있다. 주관 기업의 연구개발 실적과 신제품의 기술 수준을 한눈에 파악할 수 있는 행사들이다.

인공지능 시대에는 누가 부자가 되는가

텐츠 추천 등 다양한 기능을 지니고 있다. 메시지나 문서를 요약하고 핵심 내용을 추출해 주며, 텍스트 설명을 바탕으로 이미지를 생성할 수 있다. 아이폰보다 먼저 AI가 탑재된 스마트폰을 출시한 삼성전자의 '갤럭시S 24' 모델도 통화 중 실시간 통역과 실시간 번역 기능을 장착하고 있다. 서로 다른 언어를 구사하는 이용자라도 이 기능을 통해 소통할 수 있다. 또 구글과 협업을 통해 첫선을 보인 '서클 투 서치'는 찾고자 하는 이미지나 문자에 동그라미를 그리면 바로 검색이 되고 정보를 얻을 수 있는 기능이다. 이렇게 소프트웨어 인공지능이 하나둘씩 하드웨어 스마트폰에 적용되면, 인공지능 활용 생태계가 실제 구현되는 효과로 이어질 수 있다. 주식시장이 인공지능 기술 발전에 반응하는 것은 이러한 미래가치와 가능성 때문이다.

그런가 하면 애플이 '애플 인텔리전스' 전략을 발표하자, 다급해진 구글은 2024년 8월 13일(현지 시각) AI 음성비서 '제미나이 라이브' 출시를 발표했다. 이는 구글의 새로운 스마트폰 픽셀 9 시리즈와 함께 10가지 목소리를 지원하는 AI 비서 서비스이다. 스마트폰 운영 체제(OS)를 둘러싸고 애플 iOS와 경쟁하는 구글이 '안드로이드' 기반

모바일 생태계를 강화하겠다는 대응 전략으로 해석된다. 앞으로도 인공지능 서비스는 치열한 경쟁을 벌일 것이고, 그 과정에서 인공지능과 반도체, 인공지능과 디지털 디바이스는 하나의 조합처럼 연결돼 생태계를 이루며 서로 영향을 주고받을 수밖에 없다. 인공지능 시대라고 해서 인공지능 기업만이 돈을 버는 것은 아니다. 반도체, 디바이스 등 하드웨어 기업이 더 큰 기회를 맞을 수도 있다.

경계가 사라지는 불확실한
빅블러 '뷰카'의 시대

　4차 산업혁명과 디지털 전환이 동시에 진행되고, 게다가 코로나 팬데믹까지 경험하면서 세상은 한 치 앞을 예측하기 힘든 격변의 시대로 접어들었다. 격변기에는 으레 눈에 보이는 시계視界는 불투명해지고, 미래에 대한 불확실성은 점점 커지기 마련이다. 보이는 것만으로 상황을 파악할 수 없고 보이는 것이 전부가 아니며, 볼 수 있는 것도 제한적이다. '백문이 불여일견'이라지만, 그렇다고 해서 보이는 대로 곧이곧대로 믿을 수도 없다.

　전문가들은 미래가 점점 불확실해지는 오늘날의 세

상을 '뷰카(VUCA)의 시대'라고 부른다. 'VUCA'란 불안정성(Volatility), 불확실성(Uncertainty), 복잡성(Complexity), 모호성(Ambiguity)의 첫 글자를 따서 만든 용어로, 21세기 우리가 살고 있는 시대의 특징을 잘 나타내는 개념이다. 그럼 어떤 면에서 VUCA의 시대일까.

우선, 인공지능, 빅데이터, 클라우드 컴퓨팅 같은 기술들이 등장함으로써 세상이 빠르게 변하는 가운데 변동성과 불안정성이 점점 커지고 있다. 둘째, 불안정한 정치와 경제, 기후 변화, 자연재해 그리고 상상을 초월하는 과학기술 발전 등으로 미래를 예측하기 어려워지고 불확실성도 증가하고 있다. 셋째, 정치, 경제, 사회, 문화, 기술 등은 서로 연결되고 더 복잡하게 얽혀 세상의 복잡성이 심화되고 있다. 넷째, 인터넷과 소셜미디어에서 매 순간 방대한 양의 정보가 쏟아지는 빅데이터 시대가 되었는데, 오히려 너무 많은 데이터, 지식, 정보가 범람하고 있어서 어떤 것이 옳고 어떤 것이 그른지, 어떤 것이 사실이고 어떤 것이 페이크인지 도무지 분간하기 어려워지는 등 모든 것이 모호해지고 있다.

사실 VUCA라는 용어는 이미 오래전에 등장했다. 지

난 1980년대에 냉전 이후 불확실성이 커진 미래 세계를 설명하기 위해 미국에서 처음 만들어졌던 개념이다. 세상이 복잡해지고 혼란스러워지면, 사람들은 불확실성을 이야기하며 더 불안해하기 마련이다. 1977년에는 캐나다 출신의 미국 경제학자이자 외교관이었던 존 케네스 갈브레이스John Kenneth Galbraith가 명저 《불확실성의 시대The Age of Uncertainty》를 출간해 주목받았다. 이 책에서 그는 현대는 과거처럼 확신에 찬 경제학자도, 자본가도, 사회주의자도 존재하지 않는 불확실성의 시대이며, 그간 우리가 진리라고 여겨왔던 합리성이나 이성 등의 담론에 대해서도 의심해야 한다고 주장했다.

최근 코로나19 팬데믹이 창궐해 전 세계적으로 큰 충격과 공포를 안겨주었을 때도 미래에 대한 불확실성과 불안감은 극대화됐다. 사람들이 바이러스에 감염돼 사망하기도 했고, 학교나 직장에도 나갈 수 없었으며, 코로나 바이러스에 감염되면 격리된 채 공포 속에서 지내야만 했던 시절, 사람들은 팬데믹이 도대체 언제 끝날지 모른다는 불안감 속에서 하루하루를 살아야 했다. 당시 불안과 공포와 혼돈에 휩싸인 현실에서 나왔던 또 다른 신조어가

'바니(BANI)'이다. 미국의 인류학자이자 미래학자인 자마이스 카시오Jamais Cascio는 코로나로 인해 불안해진 혼돈의 세상을 이해하기 위한 프레임으로 'BANI'라는 따끈따끈한 신개념을 제시했다. '부서지기 쉽고(Brittle), 불안하고(Anxious), 비선형적이며(Non-linear), 이해하기 어려운(Incomprehensible) 세상'이라는 의미이다. 지난 세기 갈브레이스가 주장했던 불확실성의 시대는 VUCA를 거쳐 BANI로 변화했다. 미래에 대한 불확실성과 혼돈의 상황이 빚어낸 유사한 개념이자 비슷한 맥락이라고 할 수 있다. 결국, 영원한 것은 없으며, 우리는 '모든 것이 불확실하다는 사실만이 확실'한, 그런 불확실성의 시대를 살고 있다.

프랑스어 고어에 '개와 늑대의 시간L'heure entre chien et loup'이라는 재미있는 표현이 있다. 이는 황혼 무렵을 의미하는데, 해 질 녘이 되면 언덕 너머로 보이는 실루엣이 내가 기르는 개인지 아니면 나를 해치려는 늑대인지 분간하기 어렵다는 뜻을 담고 있다. 지금의 격변이 딱 그러하다. 자고 나면 세상이 변하기에 변화를 식별하기도 힘들고, 새로운 것에 적응하기도 벅차기만 하다. 빠른 변화로 경계가 무너지고 융화되면서 불확실성이 커지는 현상을 전문가들은 '빅블러Big Blur'라 부른다. '블러'는 경계가 흐릿한 형체를 뜻하고, 따라서 '빅블러'는 격변으로 경계가 모호해지거나 융화돼 사라짐을 의미한다. 특히 산업과 기술, 비즈니스 영역에서 두드러지게 나타난다. 위키 백과의 정의에 따르면, 빅블러는 '소비자 역할, 기업 관심사, 서비스 역할, 비즈니스 모델, 산업 장벽, 경쟁 범위 등 6가지 측면에서 동시다발적인 힘이 작용해 산업, 업종 간 경계가 급속하게 사라지는 현상'이다.

경계가 무너진다는 건 구분이 어려워지거나 서로 융합된다는 걸 의미한다. 적어도 근대화의 과정, 산업화 시대에는 경계가 분명했었다. 하지만 이제는 더 이상 그렇지 않다. 20세기 후반경 등장한 '포스트 모더니즘Post modernism'이 '경계의 해체'를 추구한 점에서 이러한 경향성을 잘 보여준다. 제2차 세계대전, 여성운동. 학생운동. 흑인 인권운동 그리고 구조주의 이후 해체 사상의 등장 등에 영향을 받아 1960~1970년경 프랑스를 중심으로 서구 사회에서 일어났던 근본적인 운동을 가리키는데, 포스트 모더니즘의 중심지 프랑스에서는 자크 데리다, 미셸 푸코, 장 보드리야르 등 걸출한 사상가와 철학자들이 세상에 대한 새로운 관점과 해석을 제시하며 지성계를 풍미했다. 이를테면 이 사조는 인간 사상사 측면에서 제2의 르네상스 같은 인식의 대전환이라고 할 수 있다.

포스트 모더니즘은 문자 그대로 '모더니즘 이후', 즉 '탈근대脫近代'라는 뜻이다. 모더니즘(근대주의)의 한계에서 벗어나고자 했던 문화, 예술, 사회운동을 포괄하는 전반적인 변화를 가리킨다. 근대주의의 핵심이었던 인간 이성에 대한 믿음과 보편성, 객관성, 합리적 사고 등에 대한 회의와 반발로부터 시작됐고 개성, 자율성, 주관성, 상대성, 다양성, 융합 등의 변화에 주목했다. 시대적 배경으로는 두 차례 세계대전과 과학기술 발전 등을 들 수 있다. 유례없는 전쟁의 참혹성을 경험한 인류는 사회의 불안정과 미래에 대한 불확실성 속에서 기존 가치관과 사상에 대해 근본적인 회의를 하게 된다. 또한 과학기술과 대중매체의 발전과 정보화 혁명으로 인해 새로운 지식정보가 쏟아지면서 진리의 단일성에 대한 의문이 제기되었고, 아울러 다양한 해석과 관점의 가능성이 열리기 시작한 것이다.

포스트 모더니즘은 몇 가지 특징을 보여주었는데, 우선, 전통적 모더니즘이 기반했던 참-거짓, 사실-오류의 이

분법과 흑백논리를 부정하고 상대주의와 다양한 관점의 공존을 지향하기 시작했다. 절대적 진리나 가치를 부정하고 모든 것은 상황과 관점에 따라 다르게 해석될 수 있다는 주장이 힘을 얻었다. 현실은 언어와 기호로 구성된 텍스트와 같고, 해석에 따라 의미는 달라질 수 있다. 탈권위주의와 해체주의, 파편화 등도 주요한 특징이다. 특정한 중심이나 권위를 거부하고 탈중심, 탈권위를 지향했으며, 주체-객체, 과학과 예술 등의 경계를 허물고 넘나들기를 시도한다. 역사와 전통의 구조를 해체하고 재해석을 통해 새로운 의미를 창조하려고 한다. 일관된 서사, 전체성보다는 파편화를 시도했으며, 단편적이고 모순적인 요소까지도 포용한다. 기승전결, 권선징악 등 근대성에 기반한 문학이나 영화의 형식과 문법도 과감히 해체·파괴되었다. 가령 눈에 보이는 것만이 진실이 아니며 과학적 지식도 객관적 진리가 아닐 수 있고 사회적으로 구성되거나 관점에 따라 달라질 수 있다는 생각 등이 포스트 모더니즘 사상이다.

그런데 포스트 모더니즘의 확산은 시공간의 의미도 다르게 해석하게 했다. 이 또한 전통적 개념을 해체하기 시작했는데, 디지털 기술의 발전도 시공간의 해체에 크게 한몫했다. 물리적 공간이 아닌 사이버 스페이스, 즉 가상 공간이라는 새로운 개념이 만들어졌고, 디지털 기술로 물리적 거리의 한계를 극복할 수 있게 됐다. 변화의 속도가 빨라지면서 기존 생각과 개념으로는 더 이상 새로운 세상을 설명할 수 없게 된 것이다. 소비자와 생산자의 경계가 무너지면서 '프로슈머prosumer'라는 개념이 등장했고, 최근에는 온라인과 오프라인이 연계되고 가상과 현실이 융합되는 '메타버스'라는 3차원 가상공간이 새로운 트렌드로 부상했다. 반세기 이상 발전을 거듭해 온 인공지능은 이제 사람처럼 글도 쓰고 이미지나 영상도 만든다. 인간의 창작과 인공지능의 생성을 구분하기조차 어려워졌다. 기술이 고도로 발전하면 미래에는 인간을 닮은 휴머노이드가 상용화될 것이고, 인간과 인조인간의 경계가 무너질지도 모른다. 증강현실을 이야기한 지 그리 오래되지 않았지만, 지금은 첨단기술로 인간의 신체적·인지적 능력을 강화하는 증강 인간Augmented Human, 포스트 휴먼Post-Human, 트랜스 휴먼Trans-Human 등을 언급하고 있다.

이처럼 빅블러 현상에 불을 지피고 있는 것은 디지털 전환이다. IBM 기업가치연구소는 디지털 전환을 '기업이 디지털과 물리적인 요소를 통합하여 비즈니스 모델을 변화시키고 산업에 새로운 방향을 정립하는 전략'이라고 정의했는데, 이는 기업 전략에만 국한되는 건 아니다. 디지털 전환은 '전통적 아날로그 방식이나 프로세스를 디지털 기술로 대체하거나, 디지털 기술을 통해 새로운 가치를 창출하고 기존의 문제를 디지털로 해결하는 모든 변화'를 의미하며, 산업, 경영뿐만 아니라 문화, 교육, 업무, 일상의 변화까지 포함하는 개념이다. 아날로그를 디지털로 바꾸는 디지털화만이 아니라 디지털을 기반으로 디지털과 아날로그가 쌍방향으로 연결되는 새로운 세상을 만드는 것이다. 가령 과거에는 카세트 녹음기나 워크맨을 가지고 음악을 즐겼지만, 지금은 스마트폰 앱으로 음원을 다운로드 하거나 실시간 스트리밍 서비스로 음악을 즐긴다. 이러한 근본적 생활의 전환이 디지털 전환이다. 모든 기업과 조직과 개인이 오래되고 익숙하던 방식을 버리고 클라우드 컴퓨팅, 빅데이터 분석, 생성형 인공지능 등 첨단 디지털 기술을 도입해 업무, 거래, 생활, 쇼핑, 학습 등 모든 영역에 적용함으로써 더 효율적이고 생산적으로 변화하는 과정이라고 이해하면 될 것이다.

손편지 대신 이메일이나 인스턴트 메신저를 사용하는 것, 종이에 서명하고 계약 체결하던 것을 전자 서명이나 전자 협약으로 바꾸는 것, 오프라인에서 모여 대면으로 소통하는 대신 줌이나 스카이프에 연결해 온라인 회의, 비디오 콘퍼런스를 하는 것, 매장이나 대형 마트에 가지 않고 앱으로 손가락 몇 번만 움직여 클릭하고 결제하는 온라인 쇼핑, 학교나 회사에 나가지 않고 인공지능을 이용해 업무나 학습을 하는 것 등은 모두 디지털 전환으로 인해 바뀐 우리의 일상이다. 그리고 이 과정에서 온라인과 오프라인, 현실과 가상, 인간과 인공지능의 경계가 점점 무너지고 있다. 우리가 이야기하는 빅블러는 단지 물리적 공간과 다른 사이버 공간이 등장했고 공존하고 있다는 정도의 의미가 아니다. 사이버 공간과 물리 공간, 현실과 가상 세계가 서로 연계되고 통합되고 있는 점에 주목해야 한다.

불확실성이 커지고 경계가 모호해지는 새로운 세상에서는 현상을 분석하고 미래를 예측해 변화에 대응하는 능력이야말로 최고의 경쟁력이 될 것이다. 인공지능은 데이터를 기반으로 하므로 데이터 분석 역량은 인공지능 역량의 전제가 될 수 있다. 생성형 인공지능도 방대한 데이터를 학습하고 논리적으로 추론해 최적화된 답변을 제시한다. 데이터를 분석해서 현황과 맥락을 분석하고 미래를 예측하는 방법에 대해서는 미국의 정보기술 연구 및 컨설팅 전문기업 가트너Gartner가 제시한 모델이 유용하다. 어떤 데이터나 정보가 있을 때 묘사적 방법으로 분석하면 어떤 일이 있었는지(What happened?) 과거를 재구성해 파악할 수 있다. 이를 하인드사이트hindsight라고 한다. 하인드사이트를 기반으로 왜 그런 일이 일어났는지(Why did it happen?) 진단하고 어떤 일이 일어날지(What will happen?)를 예측하는 것은 인사이트insight에 해당한다, 가장 어렵고 가치 있는 것은 미래를 예측해서 미래에 대한 처방을 내리는 것인데, 이것은 포사이트foresight에 해당한다. 바람직한 미래를 그려보고, 그렇게 되려면 어떻게 해야 할지(How can we make it happen?) 전략을 마련하는 것이다. 이는 미래는 숙명적으로 주어지는 것이 아니라 만들 수 있다는 관점을 전제로 한다. 미래가 불확실해질수록 우리에겐 더더욱 미래 예측 역량이 요구될 것이다. 이를 위해 전문지식을 넘어서는 지혜, 디지털 세계와 인공지능에 대한 이해와 활용 능력 등이 필수인 것은 물론이다.

2장

새로운 부의 승자,
증시가 말해준다

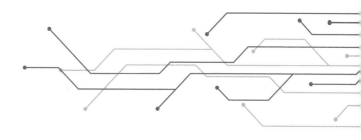

증시가 보여주는
돈과 기술의 흐름

기술변화의 역사를 보면 사회변동의 흐름과 추세를 읽을 수 있고, 미래 변화도 어느 정도 예측할 수 있다. 그런 맥락에서 주식시장의 변화를 살펴보는 것은 매우 의미 있는 일이다. 주식시장은 돈의 흐름과 함께 기술의 변천을 보여주는 가장 상징적인 장이다. 어떤 기술에 투자자들이 주목하는지, 어떤 기술기업이 실적이 좋은지가 극명하게 드러나는 곳이기 때문이다. 그래서 주식시장은 기업의 흥망성쇠, 기술 트렌드의 변화 추이, 새로운 산업 패러다임의 부상을 확인할 수 있는 생생한 현장이다.

특히 세계 최대 규모의 주식시장인 미국 뉴욕증시는 현대 자본주의의 흐름을 명확하게 보여준다. 미국 증시 현황, 시총 순위 등을 보면 어떤 기술이 대세이고 범용 기술인지, 어떤 기술이 앞으로 유망할지 어느 정도 가늠할 수 있다.

새로운 밀레니엄이 시작되었던 무렵인 2006년으로 돌아가 보자. 당시 미국 증시의 시가총액 상위 기업을 보면 지금과는 크게 다르다. 1위는 3,625억 달러 규모의 엑슨모빌이었다. 이 기업은 미국의 글로벌 에너지 기업으로 석유왕 존 록펠러John Rockefeller가 창업한 스탠더드 오일의 후신이며, 세계 최대 규모의 석유 기업이다. 2위는 가전 및 금융기업 GE(시총 3,485억 달러)였으며, 그다음은 시티그룹, BP, 로열 더치 셸 순이다. 최상위 5대 기업 중 엑슨모빌, BP, 로열 더치 셸 등 셋은 글로벌 석유 기업이다. 2000년대 초반에 불어닥쳤던 닷컴 버블로 인해 인터넷 기업들이 큰 위기를 맞으면서 다시 석유 기업이 강세를 보였다고 할 수 있는 측면도 있지만, 당시만 해도 여전히 석유 기업이 세계 경제를 주도하던 석유 경제 시대였음을 알 수 있다.

그러나 그로부터 10년이 지난 2016년, 세상은 달라졌다. 시총 상위 기업순위는 완전히 바뀌었다. 1위는 시총 5,714억 달러의 애플이고, 2위는 5,306억 달러의 알파벳(구글)이다. 3위는 마이크로소프트, 4위는 아마존, 5위는 엑슨모빌, 6위는 페이스북이다. 시가총액 기준으로 상위 6대 기업 중 5개가 IT 기업이고, 전통적인 강자 엑슨모빌은 5위로 내려앉았다. 명실상부한 디지털 경제로 완전히 변화했음을 확인할 수 있다. 1995년 출간된 기념비적인 저서 《디지털이다Being Digital》에서 MIT 미디어랩의 니콜라스 네그로폰테 교수는 디지털 기술은 우리 삶의 방식을 근본적으로 변화시킬 혁명이며, 아날로그는 디지털로 전환될 것이라고 예견했었다. 그의 예견은 현실이 되었다.

그러면 2024년 현재는 어떨까. 2024년 7월 13일 기준, 미국을 포함한 전 세계 기업의 시가총액 상위 10대 기업을 살펴보면 아래 표와 같다.

10대 기업 가운데 석유 기업 아람코, 워런 버핏의 투자회사 버크셔 해서웨이, 제약회사 일라이릴리를 제외하면, 나머지 7개 기업은 모두 IT 기업이다. 이중 애플, 마이크로소프트, 엔비디아, 구글, 아마존 등 상위 5개 기업은

순위	기업	시가총액(달러)	원화 환산	비고
1	애플	3조 5,351억 달러	4,861조 원	
2	마이크로소프트	3조 3,721억 달러	4,637조 원	
3	엔비디아	3조 1,802억 달러	4,373조 원	
4	알파벳(구글)	2조 2,960억 달러	3,157조 원	알파벳은 구글 및 구글 자회사들이 모인 기업집단, 증시에는 알파벳 A, 알파벳 C로 나눠 상장돼 있음
5	아마존	2조 240억 달러	2,783조 원	
6	사우디 아람코	1조 8,163억 달러	2,498조 원	
7	메타	1조 2,635억 달러	1,737조 원	
8	버크셔 해서웨이	9,180억 달러	1,262조 원	
9	일라이릴리	9,014억 달러	1,240조 원	
10	TSMC	8,730억 달러	1,200조 원	

* top.hibuz.com <전 세계 기업 시총 TOP 20> 자료 참조(2024. 7. 13 기준)

글로벌 빅테크 기업이자 인공지능과 관련된 기업이다. 10위 TSMC도 인공지능 반도체 제조사이다. 단기적으로 10위권에 진입했던 테슬라도 단순한 전기차 제조기업은 아니다. 인공지능 로봇회사로 봐야 하며, 글로벌 7대 빅테크 기업, 즉 M7Magnificent 7에도 포함돼 있다. 자율주행차는 내연기관이 아니라 소프트웨어로 구동되는 스마트 카이며, 자율주행 기능은 최첨단 센서, 데이터 분석, 사물인터넷,

인공지능 시대에는 누가 부자가 되는가

인공지능 기술 등 첨단기술이 융합돼야만 가능한 고도의 디지털 기술이다.

그런데 세계는 왜 미국 주식시장의 시가총액 1위 기업에 유난히 주목하고 있는 걸까. 그것은 단지 상징성 때문만은 아니다. 시가총액이 높다는 것은 기업의 현재 실적이 뛰어나고 미래의 성장 여력이 커서 투자자로부터 높은 평가를 받고 있음을 의미한다. 또 미래에 어떤 기업이 기술 트렌드를 주도할지 예측하고 투자하는 데 있어서 중요한 지표로도 활용된다. 현재 전 세계에는 5만 8,200여 개의 기업이 주식시장에 상장되어 있으며, 이들 기업의 시가총액 총합은 약 97조 8,700억 달러, 한화로는 무려 14경 원에 달한다. 그리고 시가총액 중 절반 가까이를 차지하는 곳이 바로 미국 주식시장이다. 미국 시총 1위 기업에 주목하는 이유인 셈이다.*

어쨌거나 지금 주식시장의 최대 이슈는 인공지능이다. 인공지능 기술 관련 뉴스와 정책에 의해 주가가 오르내리며 요동을 치고 있다. 미국 시총 상위 5대 기업이 하

---

* 박찬휘 기자, "철도부터 AI까지...미 시총 1위 보면 미래가 보인다". 한국경제, 2024. 2.11

나같이 인공지능 관련 기업이라는 점에 비추어보면, 지금
은 분명히 인공지능 시대로 전환되고 있는 시점이라고 봐
야 할 것이다.

인공지능 시대에는 누가 부자가 되는가

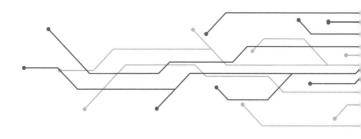

신기술의 상징 애플과 마이크로소프트,
오랜 경쟁의 역사

앞서 말했듯이, 미국 주식시장은 세계 경제를 가늠하는 단면이라고 해도 과언이 아니다. 미국 증시는 세계 증시의 절반 가까이를 차지하고 있으며, 미국 증시 시가총액 1위 기업의 변화를 보면 경제를 주도하는 기술기업을 파악할 수 있기 때문이다. 2005년부터 2010년까지 6년 동안 시총 1위는 석유 기업 엑슨모빌이었다. 애플은 2011년 돌풍을 일으키며 처음 1위에 올랐다. 2011년부터 2023년까지는 애플의 시대였다. 2018년을 제외하고 줄곧 1위 자리를 지켰고, 애플은 오랫동안 혁신의 아이콘으로 군림해

왔다. 증시 역사상 시총 1조, 2조, 3조 달러를 처음 돌파한 것도 애플이었다. 하지만 2024년, 숙적 마이크로소프트는 난공불락으로 보이던 애플을 넘어서기도 하며 새로운 경쟁에 시동을 걸었다. 이런 돌풍의 엔진 역할을 한 것은 다름 아니라 인공지능이었다. 오픈AI에 거액을 투자하고 챗GPT를 마이크로소프트의 검색엔진 '빙Bing'에 탑재하는 등의 전략이 주효했던 것이다.

애플과 함께 디지털 경제를 주도해 온 빅테크 기업의 쌍두마차 마이크로소프트는 1975년 4월 빌 게이츠Bill Gates와 폴 앨런Paul Allen이 공동으로 창업했다. 클라우드 컴퓨팅, 소프트웨어, 운영 체제 윈도우, Xbox 게임, 노트북, 태블릿 PC, 검색과 뉴스 서비스 등이 사업영역이다. 주식시장에 상장한 것은 1986년이고, 매출액은 2023년 회계연도 기준으로 2,119억 달러(한화 282조 원)이며, 종업원 수가 22만 명이 넘는 거대한 기업이다. 마이크로소프트의 대표적 제품은 IBM PC 호환 운영 체제인 소프트웨어 '윈도우Windows'이다. 1990년대 들면서 사업을 다각화하기 시작했고, 여러 스타트업을 인수했다. 그중 규모가 큰 것으로는 2011년 85억 달러에 인수한 스카이프 테크놀로지스,

2016년 262억 달러에 인수한 비즈니스 중심 소셜 네크워크 서비스 링크드인LinkedIn 등을 들 수 있다.

마이크로소프트는 PC 운영 체제의 최강자로 군림하며 디지털 경제를 주도했지만, 2000년대 들어 닷컴 버블로 큰 위기를 맞기도 했다. 창업자 빌 게이츠가 떠난 2008년 당시 마이크로소프트는 매출과 경영에서 어려움이 많았고 애플이나 구글 등에 밀려 주식시장에서 크게 주목받지도 못했다. 마이크로소프트를 다시 시총 최상위 기업으로 끌어올린 리더십은 마이크로소프트의 3대 CEO이자 현재의 CEO인 사티아 나델라Satya Nadella이다. 입사 22년 만에 스티브 발머Steve Ballmer의 뒤를 이어 CEO에 취임한 나델라는 특유의 리더십과 혁신경영을 통해 마이크로소프트를 명실상부한 세계 최고 기업으로 만들었다. 윈도우 운영 체제 사업을 넘어 클라우드 시장에 집중함으로써 클라우드 인프라, 플랫폼, 소프트웨어 통합 부분 1위를 달성했다. 또 과감한 인수합병으로 링크드인, 깃허브, 액티비전 블리자드 등을 인수했으며, 오픈AI에 투자해 AI 산업의 주도권을 차지한 것 역시 나델라의 선견지명 덕분이다.

2024년 2월에 마이크로소프트는 시가총액 1위에 잠시 오른 바 있는데, 시총 1위를 차지한 것은 사실 이번이 처음은 아니다. 1960년대 촉발된 정보화 혁명으로 컴퓨터 산업이 성장하던 시절, 당시 정보 통신업계 최대 기업은 IBM*이었다. IBM은 1964년 시총 1위를 차지했고, 1968년부터 1994년까지 줄곧 1위 자리를 고수했다. 그러나 1995년 신예 마이크로소프트는 IBM을 제치고 처음 1위에 올랐고, 1997~1999년, 2000년, 2003~2004년에도 1위였다. 하지만 2000년대 초 불어닥친 닷컴 버블로 디지털 기업이 위기를 맞으면서 2005년 시총 1위 자리를 전통적인 에너지 및 석유 기업 엑슨모빌에 내주었고, 엑슨모빌의 시대는 2011년 애플에 1위를 뺏길 때까지 이어졌다.

한편, 애플은 마이크로소프트보다 딱 1년 늦은 1976년 4월, 스티브 잡스Steve Jobs, 스티브 워즈니악Steve Wozniak, 로널드 웨인Ronald Wayne이 함께 차고에서 창업한 개인용

---

* IBM은 빅 블루(Big Blue)라는 별명을 가진 미국의 다국적 기술회사이다. 기록 관리 및 측정 시스템 제조업체의 지주회사인 CTR로 출범했고, 1924년 현재와 같은 IBM으로 사명을 변경했다. 1970년 IBM 메인프레임은 전 세계 컴퓨터 생산의 70%를 차지했고, 1980년대에는 IBM PC를 통해 마이크로 컴퓨터 시장에 진출했다. 세계에서 가장 오래된 컴퓨터 회사이다.

컴퓨터 제조사이다. 매킨토시 PC를 시작으로 아이팟, 아이폰, 아이패드, 애플워치, 에어팟 등 하드웨어 제품을 제조하고, 그 운영 체제를 비롯해 애플TV, 애플 아케이드 등 소프트웨어와 서비스를 개발, 운영하는 기업이다. 주식시장 상장은 1979년 1월로 마이크로소프트보다 빠르다. 창업자 스티브 잡스는 자신이 만든 회사에서 1985년 해고되었다가 1997년 다시 돌아와 애플의 CEO가 되었는데, 잡스가 이끌던 시절의 애플은 혁신의 역사 그 자체였다. 2000년대 들어 잇달아 혁신제품을 내놓으면서 애플의 '아이(i) 혁명'이 계속된다. 2001년 10월 아이팟을 공개했고 2007년에는 아이폰과 애플TV를 공개했으며 2010년에는 아이패드를 내놓는다. 2011년 10월 5일 창업자 스티브 잡스가 췌장암으로 사망한 후 지금까지 CEO를 맡고 있는 사람은 팀 쿡Tim Cook이다. 애플의 매출은 2022년 기준으로 3,943억 달러(약 524조 원), 종업원 수는 15만 4,000여 명(2021년)이다. 애플은 꾸준히 승승장구했으며, 주가 또한 우상향 곡선을 그려왔다. 2015년 세계 최초로 시가총액 7,000억 달러가 넘은 기업이 되었고, 2018년에는 1조 달러, 2020년에는 2조 달러를 돌파했다. 2023년 6

월 30일에는 종가 기준으로 세계 최초로 3조 달러를 돌파하는 대기록을 달성했다.

애플과 마이크로소프트의 경쟁 관계는 1980년대까지 거슬러 올라간다. 1976년, 차고에서 PC 제조사로 출발한 애플은 1984년 매킨토시라는 혁신적인 제품을 출시했다. 매킨토시 시리즈의 첫 번째 모델로 출시된 '매킨토시 128K'는 IBM, HP 등 당시 시장을 장악하고 있던 거대 컴퓨터 제조기업이 만든 PC보다 훨씬 사용이 간편하고 디자인도 뛰어나며 기능도 우수했다. 애플은 이미 시장을 선점하고 있던 IBM 등 기존 PC 제품과 경쟁해야 했고, 운영 체제를 둘러싸고는 마이크로소프트와도 경쟁해야 했다.

매킨토시 출시를 앞두고 스티브 잡스가 혼신의 열정을 담아 제작을 진두지휘했던 애플의 '빅 브라더 광고'는 기발한 아이디어를 기반으로 만들어졌는데, 오늘날까지도 광고업계의 전설로 남아 있다. 이 전설적인 광고를 만든 감독은 다름 아닌 할리우드의 거장 리들리 스콧Ridley Scott이다. 1984년 미국 슈퍼볼 경기 중 단 한 번 공개되었지만, 시청자들에게 매우 강렬한 인상을 남겼다. 이 광고는 조지 오웰의 SF 소설 《1984》를 패러디했다. 영상을 보면, 텔레스크린을 통해 빅 브라더가 대중을 세뇌하는 메시지를 던지고 있고, 사람들은 무표정하게 스크린을 쳐다보고 있다. 그때 한 여전사가 쇠망치를 들고 힘차게 달려와서 빅 브라더를 향해 쇠망치를 던져 스크린을 단번에 박살을 내버린다. 그리고 천천히 다음과 같은 광고 카피 자막이 올라온다. "1월 24일, 애플 컴퓨터가 매킨토시를 출시합니다. 그리고 여러분은 우리의 1984년이 왜 소설 《1984》와 다른지 알게 될 것입니다." 광고 속에 등장하는 빅 브라더는 바로 IBM과 마이크로소프트를 가리킨다. 애플은 이 광고를 통해 당시 컴퓨터업계를 장악하고 있던 IBM과 마이크로소프트에 공개적으로 도전장을 내민 것이다.

1984년 애플은 이렇게 매킨토시 PC를 내놓았다. 하지만 애플은 전 세계 개인용 컴퓨터 시장에서 오히려 지속적인 하락세를 보여주었고, 2004년에는 시장점유율이 1.9%로까지 떨어졌다. 그렇다면 98%나 되는 절대다수의 사용자들은 왜 여전히 기존 PC와 마이크로소프트의 윈도우를 선택했을까. 《콘텐츠의 미래》 저자인 하버드 경영대학원 바라트 아난드Bharat Anand 교수는 이러한 '스티브 잡스의 실패'를 다음처럼 설명했다. PC 시장에서 마이크로소프트가 가졌던 이점, 즉 두 가지 유형의 네트워크 효과 때문이라는 것이다. 첫째는 사용자 대 사용자의 네트워크이다. PC를 처음 구입하는 사용자에게는 매킨토시보다 기존의 PC 제품이 더 매력적일 수 있는데, 아무래도 기존 PC 사용자가 훨씬 더 많은 점에서 더 많은 사람과 소통할 수 있는 직접적 네트워크 효과를 얻을 수 있기 때문이다. 둘째는 사용자와 응용소프트웨어 개발자 사이의 피드백 고리를 꼽을 수 있다. 기존 PC를 선택하는 사람이 많아질수록 플랫폼 가치가 올라가므로 응용소프트웨어도 많아질 것이고, 그 결과 더 많은 사용자가 계속 유입되는 식의 간접적 네트워크 효과가 나타나게 된다. 이러한 네트워크 효과로 인해 마이크로소프트가 절대적 우위를 차지했고, 애플은 기존 PC의 높은 벽을 실감해야 했다.*

물론 PC 운영 체제에서 한때 시장점유율 90% 이상으로 압도적 우위를 차지했던 윈도우는 현재는 전성기 때의

---

* 바라트 아난드, 《콘텐츠의 미래》, 리더스북. 2017, 68-72쪽

독점적 지위를 유지하고 있지는 못하다. 마이크로소프트는 1981년 PC 운영 체제 MS-DOS를 개발해 대중화에 성공했고, 1985년 11월 20일에는 윈도우라는 혁신적인 운영 체제를 출시했다. 윈도우는 현재도 가장 널리 사용되는 개인용 컴퓨터 운영 체제이다. 하지만 스탯카운터의 자료에 따르면, 전 세계 PC 운영 체제 시장에서 윈도우의 점유율은 점점 하락하고 있다. 2000년대 초반 98%에 육박하던 윈도우의 점유율은 2018년 81.80%로 떨어졌다. 반면 2%에도 못 미치던 애플의 맥OS 점유율은 2018년 13.36%로 높아졌다. 해가 갈수록 윈도우 점유율은 낮아지고 애플 맥OS와 리눅스 등 기타 OS의 점유율은 높아지는 추세이다. 2023년 기준 전 세계 PC 운영 체제 시장점유율을 보면, 윈도우는 62.06%, 맥OS는 18.96%, 기타 OS는 18.98%이다.[**]

[**] 이경탁 기자, "무너지는 MS 윈도 점유율 ...애플은 모바일 이어 PC OS도 약진". 조선비즈, 2023.6.9

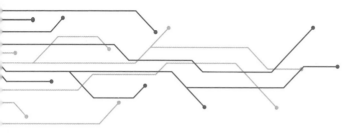

엔비디아가 주식시장에서
새로운 강자가 된 이유

　최근 주식시장에서 챗GPT를 만든 오픈AI에 투자했던 마이크로소프트의 상승세가 두드러졌지만, 상승세가 훨씬 더 가파른 진정한 승자는 엔비디아라고 할 수 있다. 엔비디아는 빅3 기업 중 가장 젊은 기업이다. 1993년, 현재의 CEO인 젠슨 황이 커티스 프리엠Curtis Priem, 크리스 말라초프스키Chris Malachowsky와 함께 창업한 반도체 회사이다. 주식시장에는 1999년에 상장했다. 대만계 미국인인 창업자 젠슨 황은 엔지니어이자 게임광이었다. 그는 타이완 타이난시에서 태어났고, 부모는 중국 저장성 출신이다. 9세 때 가족들과 미국으로 이민을 가 켄터키에 정착했고, 오리건에서 고등학교를 마쳤다. 오리건 주립대학교에서 전기공학 학사, 스탠퍼드 대학교 대학원에서 전기공학 석사를 마쳤고, 미국 반도체 기업인 LSI 로지스틱스와 AMD에서 마이크로프로세스 설계를 담당했으며, 이후 엔비디아를 공동창업했다.

엔비디아는 스타트업으로 출발했지만, 지금은 세계가 가장 주목하는 글로벌 반도체 기업인데, 원래는 콘솔 게임이나 PC, 노트북을 위한 그래픽 처리장치, 즉 그래픽 카드를 디자인하는 회사였던 데서 점점 반도체 전문기업으로 발돋움했다. 반도체 기업은 반도체 설계만 하는 팹리스 기업과 반도체 설계 회사에서 설계도를 받아 위탁 제조하는 파운드리, 종합반도체기업 등으로 나눠진다. 엔비디아는 팹리스에 해당하며, 파운드리 기업으로는 삼성 전자, SK하이닉스 등이 있고 그중 글로벌 1위는 대만의 TSMC이다. 한편 삼성전자나 인텔은 반도체 설계도 하고 제조도 하는 종합반도체기업이기도 하다. GPU는 게임 등에서 그래픽을 처리하기 위해 필요한 하드웨어인데, 엄청난 양의 데이터를 처리해야 하는 생성형 AI에 적합하기에 엔비디아는 인공지능 기술 발전의 최대 수혜자가 된 것이다. 게임용 그래픽 카드 회사에서 가상화폐와 블록체인 붐으로 GPU 특수를 맞으며 빠르게 성장했고, 지금은 생성형 AI 덕분에 또 한 번 거대한 도약을 하고 있다.

전반적으로 침체 국면이었던 2023년 미국 주식시장에서 시장을 주도했던 것은 이른바 'M7'이라 불리는 기술주 기업들이었다. M7이란 1962년에 개봉된 율 브린너, 스티브 맥퀸 주연의 미국 서부영화 〈황야의 7인The Magnificent Seven〉을 패러디해 만든 용어로 증시를 견인하는 애플, 마이크로소프트, 아마존, 알파벳(구글), 메타, 테슬라, 엔비디아 등 7대 기업을 가리킨다. 그러나 최근 들어 적잖은 전문가들이 M7의 주도가 아니라 엔비디아의 독주를 주목하고 있다. 그만큼 엔비디아의 강세가 두드러졌기 때문이다.

이러한 도약은 증시의 흐름을 보면 그대로 알 수 있다. 2024년 2월 23일 종가 기준으로 시가총액 2조 달러를 넘는 기업은 마이크로소프트와 애플 두 개밖에 없었다. 하지만 엔비디아는 2월 23일 장중 2조 달러를 돌파해 새로운 강자의 부상을 예고했다. 종가 기준으로 보면 2월 22

인공지능 시대에는 누가 부자가 되는가

일 시가총액 1조 6,670억 달러에서 2월 23일 1조 9,390억 달러로 상승해 하루 만에 2,720억 달러(약 361조 원) 증가했는데. 이는 하루 만에 가장 많은 시가총액 증가 기록이다. 한국 기업 중 시가총액 2위인 SK하이닉스가 117조 원(2024년 2월 26일 기준)인 점에 비추어보면, 엔비디아는 단 하루 만에 SK하이닉스 3배 이상의 상승세를 기록한 것이다. 그리고 1주일 후인 3월 1일, 엔비디아는 드디어 2조 달러를 돌파했다. 2024년 3월 1일 종가 기준으로 시총 1위는 마이크로소프트 3조 873억 달러(약 4,125조 원), 2위는 애플 2조 7,743억 달러(약 3,706조 원)이며, 3위 엔비디아는 2조 570억 달러(약 2,748조 원)이다. 디지털 경제의 선두 주자였던 구글과 아마존보다 앞서 시총 2조 달러를 가장 단기간에 돌파하는 대기록을 세운 것이다.

엔비디아는 이에 앞서 2023년 5월 30일 장중 시가총액 1조 달러를 돌파했는데, 반도체 기업 중 시총 1조 달러를 달성한 기업은 엔비디아가 유일무이했다. 이를 이어서 2024년 3월 1일에는 2조 달러, 그리고 6월 5일에는 3조 달러를 돌파하며 반도체 역사를 새로 썼고, 6월 18일에는 시총 1위를 달성하는 등 기염을 토했다. 다우존스마켓데이터 등의 자료에 따르면, 시총 1조 달러에서 2조 달러로 늘어나는 데 걸린 시간이 애플은 516일, 마이크로소프트는 542일이었지만, 엔비디아는 단 175일에 불과하다.[*]

그렇다면 앞으로는 어떻게 될까. 엔비디아 주가의 미래에 대해서는 다소 의견이 엇갈린다. 이는 AI 기술과 산업 발전을 전망하는 관점의 차이에서 비롯된다. AI 낙관론자들은 엔비디아가 인공지능의 기술 발전과 수요 증가에 힘입어 꾸준히 상승할 것으로 내다본다. 반면 일각에서는 엔비디아의 주가가 너무 가파르게 성장해 일시적으로 과대 평가되어 있다며 신중론을 제기하고 있다. 2024년 2월 23일, 2023년 4분기 실적발표를 앞두고도 이 두 개의 상반된 입장이 엇갈렸으나, 결국 실적을 보면 엔비디아의 매출은 전년 같은 기간 대비 265%, 총이익 769% 증가로 나타나 신중론을 무색하게 만들었다. 하지만 이후 미국발 블랙 먼데이 등으로 인해 반도체 기업의 주가가 일제히 내려갔고, 엔비디아 역시 한동안 고전을 면치 못했다. 그러나 미국 증시가 2024년 역대 최고치를 여러 번

---

[*] 송경재 기자, "엔비디아 시총 2조 달러 돌파 ... 빅 7 왕조 등극", 파이낸셜뉴스, 2024. 2.24

경신한 데 가장 크게 기여한 기업은 단연 엔비디아였고, 이제 전 세계 증시가 엔비디아의 행보를 주목하고 있다.

인공지능의 향방이 담긴
빅3 각축전

　미국 증시에서 각축전을 벌이고 있는 빅3 가운데 최종 승자는 누가 될까. 그 결말을 알 수는 없지만, 현재 치열한 3파전의 추이를 관찰하면 세계 경제의 향방을 어느 정도는 가늠할 수 있을 것이다.

　새로운 밀레니엄을 맞은 21세기 초반 무렵의 최강자는 마이크로소프트였다. 2011년부터 2023년까지는 압도적인 애플의 시대였다. 2024년 2월 마이크로소프트는 다시 최강자 자리에 잠시 오르기도 했다. 그러나 2014년부터 2024년까지 10년간 빅3 기업의 성장 속도를 비교해 보면,

인공지능 시대에는 누가 부자가 되는가

마이크로소프트와 애플도 놀랍지만, 엔비디아의 성장 속도는 상상을 초월할 정도이다. 주식 액면 분할, 신주 발행 유상증자 등을 고려하지 않고 구글에서 검색한 2014년 3월 14일 주가와 10년 후인 2024년 3월 28일 주가를 단순하게 비교해 보았다. 2014년 3월 14일 마이크로소프트의 주가는 37.70달러였고 2024년 3월 28일에는 420.72달러로 장을 마쳤다. 주가가 10년간 11.15배 올랐다는 얘기이다. 애플의 주가는 2014년 3월 14일 18.74달러, 2024년 3월 28일 171.48달러로 9.15배 올랐다. 엔비디아의 주가는 2014년 3월 14일 4.46달러에 불과했는데, 10년이 지난 2024년 3월 28일에는 무려 202.59배 오른 903.56달러였다.

	마이크로소프트	애플	엔비디아
2014.3.14 종가	37.70달러	18.74달러	4.46달러
2024.3.28 종가	420.72달러	171.48달러	903.56달러
10년간 상승 폭	11.15배	9.15배	202.59배

* 빅3 기업의 10년간 주가 단순 비교

엔비디아는 2024년 6월 10일에는 10대 1 주식 액면 분할을 단행했다. 2024년 7월 15일 종가 기준으로 엔비디아 주가는 한 주당 128.44달러이다. 액면 분할 전 기준으로 보면 1,284달러인 셈이다. AI 산업의 수익성에 대한 우려와 미국 경기 불안에 대한 투자심리 위축 등으로 최고점에 비하면 다소 떨어졌지만, 이런 일련의 악재에도 불구하고 엔비디아는 인공지능 반도체 시장에서 압도적 점유율을 보유한 기업으로 굳건히 상위권 자리를 유지하며 선방하고 있다고 봐도 무방하다.

이처럼 빅3 기업은 21세기 전반기 세계 경제를 이끌어가고 있다. 10년 후, 20년 후에도 이들 셋이 여전히 선두 자리를 고수할지 아니면 새로운 강자가 나타날지는 알 수 없다. 하지만 적어도 앞으로 상당 기간 빅3 시대가 계속될 것으로 보인다.

그렇다면 빅3 중 최후에 웃는 자는 누구일까. AI 열풍이 식지 않고 계속된다면, 마이크로소프트나 엔비디아의 성장이 계속 이어질 가능성이 크다. 마이크로소프트는 AI 소프트웨어를 주도하고 있고, 엔비디아는 AI 반도체 하드웨어의 절대 강자이기 때문이다. 어떤 이는 마이크로소프트가 운영 체제나 소프트웨어의 생태계를 가지고 있어 최종 승자가 될 가능성이 크다고 예측한다. 반면 마이크로소프트가 아닌 엔비디아가 결국 최후의 승자가 될 수 있다고 예측하는 전문가도 적지 않다. 엔비디아는 현재 AI 반도체 시장점유율이 약 90%에 이를 정도로 압도적 지위를 갖고 있기 때문이다.

한편 스마트폰 최강자 애플이 '온디바이스On-Device AI' 전략으로 안정적으로 왕좌를 유지할 가능성도 있다. 2024년 들어 애플은 중대한 전략의 수정을 단행했다. 애플이 지난 10년간 공을 들여 개발을 추진해 오던, 이른바 애플카라 불리던 자율주행 전기차 프로젝트를 과감하게 중단한 것이다. 최근 10년 동안 애플이 애플카 개발에 쏟아부었던 자금은 100조 원이 넘는다. 마이크로소프트가 오픈AI에 약 17조 원을 투자한 것과 비교하면, 애플은 6배의 자금을 투자하고도 결국 성과 없이 사업을 접은 것이다. 이는 명백한 전략적 실패라고 할 수 있다. 〈뉴욕타임스〉에 따르면, 애플이 새로운 기술에 지난 5년간 투입한 자금은 1,130억 달러(약 151조 5,000억 원)인데, 이 가운데 상당량이 애플카 개발에 투입된 것으로 추정된다. 오픈AI의 챗GPT 출시 이후 생성형 AI 열풍이 거세게 불고 있는 가운데, 애플은 경쟁사들보다 상대적으로 AI 연구·개발에서 뒤처져 있다는 평가를 받아온 것이 사실이다. 이 때문에 경쟁자인 마이크로소프트의 주가 상승에 비해 애플의 주가는 상당 기간 지지부진하거나 답보상태에 머물러 왔다. 가장 큰 시장인 중국에서의 판매량 감소, 반독점법을 근거로 한 EU의 천문학적인 과징금 부과, AI 이슈로부터의 소외 등 삼중의 악재로 인해 애플이 고전을 면치 못하고 있는 위기 상황에서 그간 사활을 걸고 투자해 온 애플카 프로젝트를 포기한 건 매우 이례적이고 중대한 전환점이라고 해석할 수 있다.

애플은 상대적으로 AI 경쟁에서 주변부에 머무는 것처럼 보이지만, 그렇다고 AI에 대해 관심이 없거나 전략이 없는 것은 아니다. 제대로 알려지지는 않았지만, 애플도 인공지능 관련 스타트업을 많이 사들여 만만치 않은 기술력을 확보하고 있다. 다만 현재 과열 경쟁으로 치닫고 있는 생성형 AI가 아니라 스마트폰 최강자라는 자신의 지위를 백분 이용한, 이른바 '온디바이스 AI' 개발에 주력하고 있다. 차세대 딥러닝 기술로 주목받는 온디바이스 AI는 스마트폰, 노트북 등 디바이스에 AI에 최적화된 반도체 NPU(Neural Processing Unit, 신경망 반도체 칩)를 설치함으로써 중앙 클라우드에 연결하지 않고도 생성형 인공지능을 구동할 수 있게 만드는 첨단기술을 말한다. 챗GPT, 구글 제미나이, 네이버 클로바X 등은 스마트 디바이스에서 수집한 정보를 중앙 클라우드 서버로 전송해 분석하고 이를 다시 디바이스로 보내는 클라우드 방식의 인공지능이다. 인터넷 연결과 클라우드 서버 접속을 기반으로 서비스를 이용하므로 인터넷 트래픽에 따라 속도가 느려질 수 있고, 클라우드 서버 유지비용이 엄청나게 많이 들고, 개인정보 유출 우려도 크다. 하지만 온디바이스 AI는 데이터를 클라우드로 전송하지 않고 스마트 기기안에서 자체적인 연산 및 처리를 하는 방식이므로 저비용으로 빠르게 처리할 수 있고, 개인정보 보호라는 측면에서도 훨씬 유리하다. 물론 클라우드 서버의 방대한 데이터를 활용하는 것이 아니므로 결과물의 완성도가 떨어질 우려는 있지만, 온디바이스 인공지능은 클라우드 방식의 대안인 엣지 컴퓨팅과 생성형 인공지능의 결합을 통해 저비용, 고효율을 추구하는 새로운 기술이라고 할 수 있다.

이런 방식에 가장 적합한 디바이스는 스마트폰이며, 따라서 애플은 온디바이스 AI에 가장 유리한 조건을 갖고 있다. 2021년 기준 적극 사용(active use) 중인 아이폰이 10억 대 이상이고* 아이패드, 맥북 등을 합치면 20억대 이상이 사용되고 있기 때문에 아이폰, 아이패드, 앱스토어 등을 이어주는 애플 생태계를 통해 어마어마한 네트워크 효과와 락인 효과Lock-in effect를 동시에 누릴 수 있다는 강점을 지니고 있다. 락인 효과란 소비자가 특정 제품이나 서비스를 한번 구매하거나 이용하면 다른 제품으로 전환하기 어렵게 되는 현상을 의미하는데, 애플 이용자들 사이에서도 매우 강하게 나타난다. 2024년 9월 공개한 아이폰 16이 아직은 제한적 AI 서비스에 머물고 있지만, 온디바이스 AI 기술이 네트워크 효과, 락인 효과와 어우러져 나름의 성과와 시너지를 낼 수 있다면, 애플은 단숨에 인공지능 산업의 판세를 뒤집고 생태계를 재편할 수도 있을 것이다.

물론 생성형 AI 기술의 또 다른 강자인 구글이나 전자상거래와 클라우드 서비스 등 AI 기술과 시너지를 내는 사업에 주력하는 아마존도 주목할 만한 다크호스이다. 앞

---

* appleinsider.com(2021.1.27)

서 언급한 미국 시총 최상위권 기업, 즉 애플, 마이크로소프트, 엔비디아, 구글, 아마존, 메타 등은 모두 첨단 빅테크 기업이고, 각자의 방식과 전략으로 인공지능 기술에 매진하고 있다. 이들은 모두 잠재적인 최후의 승자 후보들이다.

1984년 애플의 빅 브라더 광고에서 빅 브라더 마이크로소프트에 쇠망치를 던진 여전사는 애플이었지만, 2024년에는 뚝심의 마이크로소프트가, 그리고 이어 엔비디아가 빅 브라더 애플에 쇠망치를 던져 애플의 아성을 무너뜨린 바 있다. 앞으로 더욱 치열해질 AI 전쟁에서 살아남을 자가 누구일지, 누가 새로운 혁신의 여전사가 될지, 답은 정해져 있지 않다. 미래는 열린 가능성이고, 모든 가능성은 열려있다.

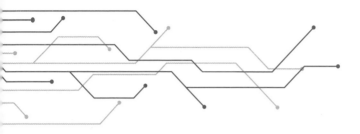

인공지능 신드롬으로 눈여겨볼
'돈 버는' 기업들

주식과 기술에 관심이 있는 사람이라면 FAANG(팡)이란 용어를 한번은 들어 봤을 것이다. 그 역사를 추적해 보면, 2013년 9월 미국 경제 채널 CNBC에서 당시 대표적인 기술주였던 페이스북, 아마존, 넷플릭스, 구글의 이니셜을 딴 FANG이 처음 언급되었다. 이후 2015년 월가에서 당시 세계 시총 1위 애플을 추가해 FAANG이라 불렀다. 9년이 지난 지금, FAANG은 옛말이 되었다.

물론 디지털 경제를 이끄는 건 빅테크 기업들이다. 이런 맥락에서 트위터, 구글, 애플의 아이폰, 페이스북을 묶어 부르는 TGIF라는 용어가 등장하기도 했고, 미국을 위협하는 경제 대국 중국의 빅테크 기업 바이두, 알리바바, 텐센트를 가리키는 BAT(바트)라는 용어가 만들어지기도 했다. 2018~2019년에는 미국 주식시장에서 견조한 흐름을 보인 빅테크 기업 애플과 애플에 이어 시총 1조 달러를 돌파한 마이크로소프트, 아마존, 그리고 구글의 이니셜을 따 MAGA(Microsoft, Amazon, Google, Apple, 마가)라 불렀다. 2016년 미국 대선 기간 중 트럼프 캠프에서 사용한 MAGA(Make America Great Again)를 패러디해 만든 용어로 추정된다. 어쨌거나 MAGA는 디지털 경제를 주도했다. 한편 FAANG에 포함됐던 페이스북과 넷플릭스는 실적 악화로 선두그룹에서 이탈했고, 반면 전기차 선두 주자 테슬라는 2020년부터 주가가 급상승하면서 MAGAT(마가트)라는 키워드에 포함되기도 했다.

이런 변화 속에 최근 소셜 미디어에서는 'DONDA(돈다)'라는 새로운 키워드에 주목하는 흐름도 엿보인다. 이는 FAANG이나 MAGA를 대체할지도 모를, 떠오르는 유망 기술기업 5개를 말한다. 이들 다섯 기업은 지금 빅데이터와 인공지능의 기술 발전을 주도하고 있는 점에서 눈여겨볼 필요가 있다. DONDA에서 D는 알파고를 개발한 구글의 자회사 딥마인드Deepmind, O는 생성형 AI 개발을 선도하고 있는 스타트업 오픈AIOpenAI, N은 엔비디아Nvidia, D는 빅데이터 기업 데이터브릭스Databricks, A는 최근 생성형 AI 클로드Claude로 주목받는 앤스로픽Anthropic을 가리킨다. 이들 기업의 어떤 부분에 주목하고 있는지, 각각의 기업들에 대해 대략 살펴보자.

우선, 딥마인드는 바둑 인공지능 알파고로 유명하고, 우리에게도 어느 정도 친숙하다. 2016년 이세돌 9단과 세기의 대국을 벌인 바둑 인공지능 알파고를 개발한 회사이다. 2010년 데미스 허사비스Demis Hassabis가 셰인 레그, 무스타파 슐레이만 등과 공동으로 창업한 영국의 인공지능 스타트업이다. 공동창업자 무스타파 슐레이만은 딥마인드의 CPO(Chief Product Officer, 제품 개발 및 관리 최고책임자)로 일하다 구글에 매각된 후에는 구글의 인공지능 부사장으로 일했으며, 2022년에는 독자적인 인공지능 스타트업 인플렉션 AI를 창업해 CEO를 맡고 있다. 인플렉션 AI는 PIPersonal Intelligence라는 생성형 인공지능을 출시했는데, 인간의 감정에 대한 이해도가 높아 대화에 강한 인공지능이며, 2024년 현재 마이크로소프트와 협력관계를 유지하고 있다.

딥마인드의 창업 때부터 CEO를 맡고 있는 허사비스는 영국이 낳은 저명한 인공지능 개발자이다. 그는 케임브리지 대학교에서 컴퓨터공학을 공부했고, 유니버시티 칼리지 런던에서 인지신경과학 박사학위를 받은 컴퓨터과학자이자 신경과학자이다. 13세 때 세계 유소년 체스대회에서 2위를 차지해 체스 마스터가 되었고, 17세 때 게임 개발을 시작했으며, 비디오 게임 개발사를 창업해 이블지니어스 등의 게임을 출시하기도 했다. 이후 인공지능 개발에 뛰어들어 2010년 딥마인드를 설립했다. 머신러닝과 신경인지과학을 기반으로 스스로 학습하는 인공지능 알고리즘을 만드는 회사로 시작했는데, 그 잠재 가치를 알아본 구글이 2014년 4억 달러(약 4,800억 원)에 인수함으로써 구글의 자회사로 편입됐다. 영국 스타트업인 딥마인드를 구글 딥마인드라고 부르고 있는 건 이 때문이다. 구글 딥마인드 홈페이지*에서는 회사 비전을 다음과 같

---

* https://deepmind.google

이 밝히고 있다.

"우리는 AI 연구와 기술이 놀라운 발전을 이루는 흥미로운 시대에 살고 있다. 앞으로 몇 년 안에 AI, 그리고 궁극적으로 인공일반지능은 역사상 가장 거대한 변화 중 하나를 주도할 잠재력을 가지고 있다. 우리는 과학자, 엔지니어, 윤리학자 등으로 구성된 팀으로 차세대 AI 시스템을 안전하고 책임감 있게 구축하기 위해 노력하고 있다. 우리 시대의 가장 어려운 과학 및 공학적 과제 중 일부를 해결함으로써 우리는 과학을 발전시키고 업무를 변화시키며 다양한 커뮤니티에 서비스를 제공하고 수십억 명의 삶을 개선할 수 있는 획기적인 기술을 만들기 위해 노력하고 있다."

이처럼 딥마인드의 목표는 인공일반지능 개발이다. 인공일반지능Artificial General Intelligence, AGI은 특정 목적의 인공지능과 대비되는 개념이다. 특정 목적의 인공지능은 주어진 특정 분야나 정해진 작업을 하도록 개발된 인공지능으로 영어로는 'Narrow AI'라고 부른다. 반면 인공일반지능은 다양한 분야에서 학습, 이해, 추론, 분석 등을 수행할 지능을 가진 인공지능이며 'Full AI' 또는 'Strong AI'라고 부른다. 요컨대 구글 딥마인드는 바둑에 특화된 알파고 같은 특정 게임용 에이전트가 아니라 학습 패러다임을 근원적으로 이해함으로써 어떤 게임이든 플레이할 수 있는 에이전트를 만들고, 이를 발전시켜 게임, 의료, 교육, 금융 등 어떤 분야에서나 사용할 수 있는 범용 인공지능을 만들겠다는 것이다.

2024년 10월 9일 스웨덴 왕립과학원 노벨위원회의 노벨 화학상 발표로 구글 딥마인드는 다시금 세인의 주목을 받았다. CEO 데미스 허사비스와 수석연구원 존 점퍼 John Jumper가 단백질 구조 예측 AI 알파포드AlphaFold 개발로 노벨 화학상 공동수상자로 선정됐기 때문이다. 허사비스는 노벨상 수상소감을 묻는 언론 요청에 "알파폴드가 과학적 발견을 가속화할 수 있는 인공지능의 잠재력을 보여줄 첫 번째 증가가 되기를 바란다"라고 말했다.* 인공지능 연구의 최첨단에 있는 딥마인드의 실전 응용이 어디까지 확장될 수 있을지, 기술과 산업에는 어떤 영향을 줄 것인지 관심을 가지고 지켜봐야 할 것이다.

---

* 김가은 기자, "노벨상 휩쓴 AI 연구자들…'알파고의 아버지' 수상 소감은", 이데일리, 2024.10.10

두 번째 O는 챗GPT로 유명한 오픈AI이다. 2015년 12월 11일 캘리포니아주 샌프란시스코에서 비영리 연구기관으로 출범했고, 일론 머스크, 샘 알트만 등이 공동설립자로 참여했다. 이 중 샘 알트만이 CEO로서 기관을 이끌어왔다. 오픈AI는 자연어 처리, 강화학습, 이미지 처리 등 다양한 AI 분야에서 기술적 혁신을 선도해 왔다. 특히 GPT 시리즈를 발표하면서 생성형 AI 연구의 선두 주자 지위를 확고히 하고 있다. GPT는 'Generative Pre-trained Transformer'의 약자로, 인공지능 모델의 한 종류이다. 이 모델은 인간의 언어, 즉 자연어를 이해하고 자연스럽게 문장을 생성하고 대화하는 데 특화되어 있다. GPT는 많은 텍스트 데이터를 학습해 언어의 패턴과 구조를 이해하고, 그 기반 위에서 새로운 텍스트를 생성할 수 있다. 예를 들어, 질문에 답하거나 이야기를 만들고 요약하거나 번역하고 코딩하는 데도 사용될 수 있다. 2022년 11월 30일 출시한 챗GPT는 엄청난 충격을 안겨 주었고 전 세계적으로 '생성형 인공지능 신드롬'을 불러일으켰다.

글로벌 금융그룹 UBS의 조사자료에 따르면, 챗GPT는 베타 버전을 출시한 지 단 두 달 만에 월간 사용자 1억 명을 돌파한 것으로 추정된다. 이 같은 이용자 증가 속도는 인터넷 등장 이후 가장 빠른 속도라고 볼 수 있다. 디지털 애플리케이션이 보급된 후 사용자 1억 명을 돌파하는 데 걸린 시간을 비교해 보면, 구글 번역기는 78개월, 텔레그램은 61개월, 스포티파이는 55개월, 인스타그램은 30개월, 틱톡은 9개월 등으로 점점 빨라졌는데, 2개월이라는 챗GPT의 기록은 전대미문의 대기록이라고 할 만하다. 그만큼 대중적 영향력과 파급효과가 컸음을 의미한다. 오픈AI에 130억 달러(약 17조 원)를 투자해 지분 49%를 보유한 최대 주주 마이크로소프트는 이 덕분에 인공지능 산업을 주도하는 빅테크 기업의 선두권을 유지하고 있다.

오픈AI는 2024년 3월에는 텍스트를 영상으로 만들어주는 기능(Text to Video)을 가진 인공지능 '소라SORA'를 선보여 다시 한번 세상을 깜짝 놀라게 했다. 소라는 프롬프트에 원하는 설명을 텍스트로 넣으면 최대 1분 길이 동영상을 빠르게 생성해주는 인공지능이다. 만약 이런 인공지능이 상용화된다면, 기존의 전문적인 영상 촬영, 제작, 편집 등의 과정 없이 누구나 원하는 영상을 쉽고 빠르게 만들 수 있게 돼 영상산업에 엄청난 파장을 불러일으킬 수 있다.

한편 2024년 5월에는 애플과 계약이 이루어지면서 아이폰 16 운영 체제에 챗GPT가 탑재된다. 그간 오픈AI는 초기 투자 단계부터 마이크로소프트에 의존해 왔고 마이크로소프트가 지분 49%를 갖고 있지만, 마이크로소프트의 경쟁자인 애플과의 계약으로 새로운 단계에 접어들었다. 마이크로소프트의 인프라와 자본에 대한 의존에서 벗어나 플랫폼 최강자인 애플의 생태계에서 인공지능의 새로운 가능성에 도전할 기회를 갖게 된 것이다. 애플은 마이크로소프트와 달리 오픈AI에 직접 투자하지는 않았지만, 이 계약으로 챗GPT를 무료로 사용할 수 있게 되었다. 또 오픈AI 이사회에도 옵서버로 참여하게 됨으로써 향후 인공지능 산업 판도는 크게 요동칠 수 있다.

세 번째 N에 해당하는 기업은 엔비디아이다. 이미 앞서 살펴보았듯이, 가장 무서운 속도로 성장하고 있는 인공지능 반도체 기업이다. 혁신적인 GPU 기술력을 바탕으로 인공지능과 데이터 센터 시장 분야에서 독보적인 위치를 차지하고 있으며, 특히 AI 반도체 칩 부문 시장점유율은 압도적인 우위를 점하고 있다. 엔비디아의 GPU는 대

인공지능 시대에는 누가 부자가 되는가

규모 데이터 학습, 처리, 추론, 이미지 작업 등을 빠르게 처리해야 하는 생성형 인공지능 등에 사용되는 고사양 반도체 수요를 만족하는 거의 유일한 제품이라 공급이 수요를 따라가지 못할 정도이다. 엔비디아의 이런 독점적인 지위 때문에 반도체 설계만 하는 엔비디아의 주문을 받아 반도체를 실제 제조하고 있는 TSMC, SK하이닉스 등 파운드리 기업도 전례 없는 호황을 누리고 있다.

그런가 하면 대만 최대 기업이자 대만의 자존심이기도 한 TSMC는 반도체 파운드리 기업 중 압도적인 1위 기업이다. TSMC는 1987년 모리스 창張忠謀이 창업했는데, 대만 증시에 상장되어 있지만, 미국 주식예탁증서 (American Depositary Receipt, ADR)* 발행을 통해 미국 뉴욕 주식시장에도 상장돼 있다. 2024년 10월 기준 시가총액

---

* ADR(American Depositary Receipt)이란 미국 증시에 상장돼 미국 증시에서 외국기업의 주식을 간편하게 거래할 수 있도록 해주는 예탁증권으로, 실제로는 주식이 아니라 미국 예탁 은행에 예탁된 외국 주식 증서이다. 하지만 달러로 거래되고 미국 주식과 동일하게 배당금이나 주식분할, 매매 등의 권리를 받을 수 있다. ADR을 통해 미국 투자자들은 별도의 해외 계좌 없이 미국 증시에서 외국기업에 투자할 수 있고 환율변동 없이 달러로 편리하게 거래할 수 있다. 일본 소프트뱅크가 지분 90%를 가지고 있는 반도체 회사 ARM도 영국 회사이지만 ADR로 미국 증시에 상장돼 있다. 미국 외 주요 국가의 많은 글로벌 기업도 실제로는 자국 주식시장에 상장돼 있지만, ADR로 미국 증시에서 거래가 가능한 경우가 많다.

은 1조 달러를 넘으며, 대만 주식시장 전체 시가총액의 절반에 해당되는 규모이다. 또 대만 시총 2위 폭스콘과는 열 배 가까이 차이가 날 정도로 TSMC가 대만 경제에서 차지하는 비중이 크다. 동아시아 기업 중에서는 1위이다.

네 번째는 데이터브릭스로 컴퓨터 소프트웨어 회사이다. 데이터 과학 및 인공지능 분야에서 빠르게 성장하고 있으며, 데이터 기반 의사결정이 중요한 기업에 필수적인 플랫폼 기능을 제공하고 있다. 2013년 설립된 미국 기업으로, 마테이 자하리아, 이온 스토이카, 알리 고드시 등이 공동으로 설립했다. 데이터 과학자와 엔지니어가 빅데이터를 손쉽게 처리, 분석 및 활용할 수 있도록 지원하는 클라우드 기반 데이터 플랫폼을 제공하는 스타트업이다. 스웨덴 기업인이자 공동설립자인 알리 고드시Ali Ghodsi가 현재 CEO를 맡고 있다. 데이터브릭스는 최첨단 오픈소스 분석 엔진인 아파치 스파크를 기반으로 빠르고 확장성이 큰 데이터 처리 기능을 제공하며, AWS 등 클라우드 플랫폼에서 실행된다. 주요 고객은 뱅크 오브 아메리카, 골드만 삭스 등 금융기업부터 존스 홉킨스 대학교 의료기관, 로슈 등 의료기업, 지멘스, 보잉, 제너럴 일렉트릭 등 제조기업, 아마존, 넷플릭스, 월마트 등 소매업, 버라이즌, AT&T 등 통신기업에 이르기까지 매우 다양하다. 무엇보다 인공지능의 기반이 데이터이므로 인공지능과 함께 성장·발전할 수 있는 전도유망한 분야의 기업인 셈이다.

마지막 다섯 번째는 혁신적인 인공지능 기술로 주목받고 있는 기업 앤스로픽이다. 2021년 설립된 비영리 인공지능 연구 회사로 오픈AI 개발자들이 퇴사 후 만든 회사이다. '인공지능이 인류에게 이로운 방향으로 발전하도록 안내하는 것'을 목표로 하고 있다. 이들은 ▽인공지능의 긍정적 발전을 위해 안전한 시스템을 구축하고(We Build Safer Systems), ▽안전은 과학이라는 가치를 기반으로 과학적 방법으로 연구하고 그 연구 결과를 공개하며(Safety Is a Science), 나아가 ▽다양한 분야와 협력하고(Interdisciplinary), ▽인공지능은 세상의 작동방식을 근본적으로 바꿀 잠재력이 있는 큰 퍼즐의 한 조각(AI Companies are One Piece of a Big Puzzle)이므로 시민사회, 정부, 학계, 산업계 등과 협력하는 것을 기업의 핵심 가치로 내세우고 있다.*

앤스로픽은 오픈AI 직원들이 창업한 기업인지라 설립 초기부터 업계에서 주목받았다. 페이스북, 구글, 오픈AI 등 유수의 인공지능 기업과 연구기관으로부터 투자를 유치해 연구개발을 수행하고 있으며, 최근 1년 동안 유치한 투자 규모는 무려 100억 달러(약 13조 원)가 넘는다. 엄청난 투자 규모만큼이나 연구 성과도 인정받고 있는데, 2024년 6월 선보인 생성형 AI 모델 '클로드 3.5 소네트'는 전문가들로부터 최신 챗GPT 모델을 능가한다는 평가를 받기도 했다.

DONDA에 포함된 이들 다섯 기업은 모두 인공지능 기업들이다. 그중 엔비디아만 상장기업이고 나머지는 비상장기업이다. 규모 면에서 큰 차이가 있겠지만, 기술적 선도성이나 혁신성에 있어서는 모두가 파란을 불러일으킬 만한 잠재력을 지니고 있다. 또 딥마인드 뒤에는 구글, 오픈AI 뒤에는 마이크로소프트, 그리고 앤스로픽 뒤에는 아마존이 든든한 투자자 역할을 하고 있어서 구글, 마이

---

* 앤스로픽 홈페이지, https://www.anthropic.com/company

인공지능 시대에는 누가 부자가 되는가

크로소프트, 아마존 간의 AI 기술 경쟁 대리전이라고 해도 틀린 말은 아닐 것이다.

어떤 기업들은 기술을 개발하고, 또 어떤 기업은 이를 활용해 돈을 번다. 인공지능 기술 개발과 서비스로 대박을 터뜨리는 기업도 하나둘씩 나타날 것이다. 어떤 기업이 어떤 기술로 어떻게 돈을 버는지를 꼼꼼히 눈여겨볼 필요가 있다.

변화가 빠른 디지털 경제에서 영원한 강자는 없다. 앞으로 빅테크 기업의 부침은 계속될 것이고, 번갈아 가며 최강자로 부상할 수도 있을 것이다. 어쨌거나 빅데이터와 인공지능 기술 강세는 상당히 오랫동안 이어질 가능성이 크다. 돌고 도는 세상에서 지금 우리가 '돈다DONDA' 기업에 주목해야 하는 이유이다.

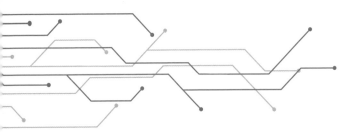

IT 강국의 신화,
AI 시대에도 이어질까?

　1995년 니콜라스 네그로폰테 교수는 자신의 명저《디지털이다》를 통해 디지털 시대로의 전환을 선언했다. 그로부터 한 세대가 지났다. 지금은 그냥 디지털 시대가 아니라 인공지능 시대로 진입하고 있다. 디지털 기술은 지능화됐고, 생성형 인공지능은 기술 판도를 바꿔놓았다. 전 세계 시가총액 최상위 20대 기업의 순위를 보면, 인공지능과 반도체의 위상을 한눈에 확인할 수 있다.

　애플과 엔비디아, 마이크로소프트 등 최상위 빅3 기업은 모두 AI 기업이라 할 수 있다. 이들 빅3 외에 구글, 아마존, 메타 등도 엄청난 AI 기술력을 보유하고 있어 언제라도 최상위권으로 올라설 수 있는 다크호스들이다. 대만의 국민 기업 TSMC는 AI 반도체 파운드리 분야 세계 1위이며, 시가총액은 삼성전자와 SK하이닉스를 합친 것보다 훨씬 더 많다. 세계 10대 기업 중 7개가 인공지능 아니면 AI 반도체 기업인 점에 비추어볼 때, 지금은 인공지능 시대라 할 수 있으며, 인공지능 시대의 IT 강국은 인공지능과 반도체 강국이다.

한편, 한국은 오랫동안 IT 강국이었다. 1990년대에 정부는 '산업화는 늦었지만, 정보화는 앞서가자'라는 슬로건을 내걸고 정보통신기술 연구개발과 산업화에 박차를 가했다. 그 결과, 부호분할다중접속(CDMA, 1996), 와이브로(2004), 5G 이동통신 상용화(2019) 등 여러 분야에서 '세계 최초' 타이틀을 보유한 IT 대국으로 군림할 수 있었다.

그렇다면 앞으로는 어떨까. 지금 한국의 AI 기술 수준은 객관적으로 어느 정도일까. 영국 데이터 분석 미디어 토터스인텔리전스가 2023년에 발표한 AI 지수조사에서 한국은 세계 6위로 평가되었다. 미국, 중국, 싱가포르, 영국, 캐나다 다음이다. 우리 정부의 과학기술정보통신부도

이 지표를 객관적 근거로 받아들이고 있다. 2024년 7월 30일, 정부는 국무회의 의결을 거쳐 인공지능 3대 국가(G3) 도약을 위한 '국가 인공지능위원회' 출범을 발표했다. 세계 6위 수준의 AI 경쟁력을 3위로 끌어 올리겠다는 정책의 일환이다. AI가 주도하는 미래를 준비하려면 마땅히 민관이 힘을 모아 총력 대응을 해야 하며, 거기에서 AI 기술 주도권은 절대적으로 중요하다. 인공지능 기술력 세계 3위 국가로의 도약은 매우 도전적인 목표라고 할 수 있다. 그런데 좀 더 냉정하게 생각해 보면, 그렇게 된다고 하더라도 미래 먹거리를 안정적으로 창출하거나 확실한 글로벌 경쟁력을 확보할 수 있을 것 같지는 않다. 왜냐하면 디지털 기술, 특히 AI와 반도체 분야는 '승자독식'의 정글이기 때문이다.

세계 시총 최상위 10대 기업 중 8개는 미국기업이며, 첨단 디지털 기술 분야는 국가 간 격차가 크다. 한국 1위 기업 삼성전자는 한국 증시에 상장된 기업의 시가총액 전체 합에서 20% 정도를 차지하는 압도적인 기업이고 아시아권에서도 대만 TSMC, 중국 텐센트에 이어 3위 정도 되지만, 세계 전체 시총 순위에서는 20위권에도 못 든다. 그만큼 국가 간 기술 격차, 경제 규모 격차가 크다는 것이다. 또 AI 기업 글로벌 순위로 본다면, 최상위권은 거의 미국기업이 차지하고 있다. AI 기술에 있어 미국 독주가 계속될 가능성이 크다는 의미이다. 미국을 견제할 수 있는 기술력과 영향력을 가진 나라는 중국밖에 없는 것이 현실이다. 그런데 1위 국가의 AI 기업들이 최상위권을 독식하고 글로벌 시장에서 압도적인 지배력을 갖게 된다면, 2위 국가나 3위 국가가 차지할 몫은 매우 작을 수밖에 없다. 따라서 인공지능 G3 국가는 실익이 없는 정책 목표가 될 수도 있다. 국가 순위보다 중요한 것은 글로벌 기업의 순위일 것이다.

우리나라 최대의 데이터·인공지능 빅테크 기업 네이버가 세계 기업 순위로 어느 정도 될까를 생각해 본다면, 이내 우리가 우물 안 개구리였음을 깨닫게 된다. 한때 국민주였던 네이버의 시가총액은 2024년 8월 8일 기준으로 26조 원에 불과하고, AI 소프트웨어 기업 마이크로소프트(4,027조 원)의 0.64%밖에 안 된다. 또 다른 국민주인 데이터·인공지능 기업 카카오는 더 열악하다. 소위 '네카오(네이버와 카카오)'는 국내에서는 압도적인 지위를 가진 빅테크 기업일지 모르겠지만, 애플, 마이크로소프트, 구글 등 미국의 빅테크 기업과 비교해 보면 구멍가게 정도 규모에 불과하다. 네카오의 위기는 검색 시장 점유율 추이를 보더라도 확연하게 드러난다. 2024년 8월 9일 기준으로 국내 웹 검색 포털의 점유율은 네이버가 54.73%로 1위를 기록했고, 이어 구글(37.2%), 빙(3.6%), 다음(3.3%) 순이었다. 이전 달과 비교했을 때 국내 포털은 점유율 소폭 하락(네이버), 순위 하락(다음)으로 나타났고, 반면 세계 검색 시장의 90%를 점유하고 있는 구글, 그리고 AI 챗봇을 탑재한 마이크로소프트 빙의 점유율은 모두 소폭 상승했다. 구글과 빙의 점유율을 합치면 40.8%에 이르는 상황이다.*

네이버가 2005년경 90% 이상의 점유율을, 또 다음은 2000년대 초반 70% 이상의 점유율을 기록했던 것과 비교하면, 이러한 변화 추세는 위기감을 안겨주는 게 사실이다. 네이버가 여전히 과반을 점유하고 있다고 우리 스스로 위안해야 할까. 데이터를 뒤집어보면 국내 검색 시장의 점유율을 꾸준히 글로벌 기업에 내주고 있고, 현재 40% 이상을 빼앗긴 상황인데도 말이다. 머지않아 IT 강국으로서의 자존심이자 최후의 보루인 검색포털마저 무

---

* 이가람 기자, "토종포털 '다음' 어쩌다 이렇게 됐나… 검색시장 점유율 보니", 매일경제, 2024.8.12

너지게 된다면, 우리는 어디에서 어떠한 방법으로 ICT 경쟁력을 확보할 수 있을까.

우리가 자랑하는 반도체 기업의 현실도 위기이기는 마찬가지이다. 현재 SK하이닉스, 삼성전자의 주가를 비롯해 국내 반도체 연관기업의 주가를 좌우하는 가장 중요한 변수는 엔비디아의 실적과 수요이다. 한국의 자존심인 삼성전자마저도 엔비디아에 반도체를 납품하는 일에 사활을 걸고 있는 것이 공공연한 비밀이다. 엔비디아의 제품 기준 미달 소식에 주가가 떨어지고, 엔비디아 기준 통과 소식에 주가가 반등하고 있는 게 현실이다. 엔비디아 주가가 오르면 한국 반도체 기업 주가도 오르고, 엔비디아 주가가 떨어지면 한국의 관련 기업 주가도 떨어진다. 가령 2024년 8월 28일 엔비디아는 2분기 예측치를 넘어서는 깜짝 실적을 발표했음에도 시장의 기대치가 워낙 높았던지라 주가라 급락했다. 이튿날 SK하이닉스, 삼성전자, 한미반도체 등 한국의 반도체 기업의 주가는 줄줄이 동반 하락했다.** 이를테면 한국 반도체 기업은 미국만 쳐

** 배요한 기자, "엔비디아 후폭풍 … 삼성전자·SK하이닉스 영향은", 뉴시스, 2024.8.29

다보고 있는 모양새이다.

HBM 반도체*를 엔비디아에 납품해온 SK하이닉스의 시총(123조 원, 2024.8.9 기준)은 엔비디아 덕분에 주가가 많이 올랐지만, 글로벌 파운드리 1위 기업인 대만 TSMC 시총(1,163조 원)에 비하면 10.7%에 불과하다. 반도체 라이벌 기업 삼성전자는 같은 시점에 시총이 445조 원, 삼성전자 우선주를 합쳐도 493조 원 정도이다. 게다가 삼성전자의 사업은 반도체뿐만 아니라 가전, 스마트폰, 컴퓨터, 서비스 등을 다 합친 것이라는 점을 생각하면 반도체 경쟁력은 더 위축될 수밖에 없다. 시장 조사업체 트렌드포스에 따르면 TSMC의 전 세계 시장 점유율은 61.7%(2024년 1분기 기준)로 2위권 기업들과 격차가 매우 크다.** 이게 수치 데이터가 보여주는 객관적 현실이다.

최근 대한상공회의소가 미국 경제지 포브스가 발표한 '2024 글로벌 2000대 기업 명단'을 분석한 결과 100위 안에 드는 한국 기업은 삼성전자(21위), 현대차(93위) 등

---

* HBM(High Bandwidth Memory)은 고대역폭 메모리로 기존 메모리보다 훨씬 빠른 속도로 데이터를 처리할 수 있으며 고성능 컴퓨팅이나 인공지능 등에 최적화된 메모리를 말한다.

** 김현주 기자, "AI 반도체 전쟁, 결국 승자는 TSMC?", 서울신문, 2024.7.14

두 곳에 불과하다. 이는 매출, 순이익, 자산, 시가총액을 종합해 선정한 순위이다. 또 500대 기업에 포함된 한국 기업은 삼성전자, 현대차, KB, 신한, 하나금융, 포스코, 현대모비스, 삼성물산 등 9개이다. 미국(176개), 중국(57개), 일본(45개), 영국(25개), 프랑스(24개), 캐나다(20개), 독일(18개), 인도(16개), 스위스(12개) 등보다 적다.*** 국가경쟁력에서 글로벌 기업의 비중이 큰 현실에서 한국의 위상을 돌아보게 한다.

스마트 디바이스는 애플이, 인공지능 반도체는 대만의 TSMC가, 인공지능 기술은 미국 빅테크 기업들이 압도적인 지배력을 갖는 현실에서 초격차 기술력을 가진 분야별 글로벌 1위 기업을 하나라도 만드는 것이 당장 시급하고 절실하다. AI 초강국이 되지 못하면, 그간 쌓아온 IT 강국의 신화는 한순간 와르르 무너질 수밖에 없다. IT 강국을 넘어 AI 강국으로 도약하지 못하면, 대한민국은 결코 글로벌 경쟁력을 갖추기 어려울 것이다.

*** 김정남 기자, "삼성현대차 빼면 텅… 한국 스타기업, 영 안 나오네", 이데일리, 2024.8.22

3장

인공지능이 바꾸는 부의 세계,
그 문을 열어라

세상의 흐름을 읽어야
돈의 흐름이 보인다

　자본주의 경제에서 돈을 버는 건 우연이 아니다. 세상의 흐름을 읽어야 돈의 흐름을 볼 수 있다. 전 세계에서 발생하는 중요한 사건 사고나 신기술의 등장 등에 크게 영향을 받는 주식시장은 세상의 흐름을 축소해서 보여주는 대표적인 예이다.

　가령, 미국 증시 시가총액 순위는 2024년에만 해도 이러한 흐름을 따라 여러 번 바뀌었다. 연초 시총 1위는 애플이었지만 2월에는 마이크로소프트가 1위로 올라섰다. 6월에는 엔비디아가 비록 잠깐이었지만 세계에서 가장 비싼 기업이 되기도 했으며 7월에는 다시 애플이 1위 자리를 탈환했다. 8월 5일(월요일)에는 미국 경기침체 우려 때문에 뉴욕증시가 폭락했다. 시총 1위 애플, AI 반도체 대장주 엔비디아, 세계 최대 데이터 기업 구글을 비롯해 마이크로소프트, 아마존, 메타, 테슬라 등 'M7Magnificent 7'이란 별명이 붙은 글로벌 빅테크 기업의 주가가 일제히 큰 폭으로 하락했다. 이름하여 '블랙 먼데이'. 하루 만에 애플은 4.8%, 엔비디아는 6.3%, 구글은 4.6%, 아마존은 4.1%, 테슬라는 4.2% 하락했다. 하루아침에 M7 기업 시총 가치 중 1,000조 원 이상이 증발했다.* 당시 한국 1위 기업 삼성전자의 시가총액이 400조 원이 조금 넘었으니 M7 기업 시총 하락으로 하루 만에 삼성전자 두 개 반이 증발한 정도라고 생각하면 충격의 규모를 짐작할 수 있을 것이다.

　그런데 '미국 시장이 기침하면 한국 시장은 독감이 걸린다'라는 말처럼, 미국발 위기감은 한국 증시를 초토화했다. 8월 5일 코스피는 사이드카(프로그램 매도호가 일시

---

* 김태종 기자, "애플 4.8%, 엔비디아 6.3%, 구글 4.6% … M7, 1천 조원 증발". 연합뉴스, 2024.8.8

효력 정지)와 서킷 브레이커(매매 일시 중단)가 잇달아 발동됐음에도 8% 넘게 폭락해 역대 최대 낙폭을 기록했다. 이날 외국인은 하루에 1.5조 원 규모의 매도 폭탄을 던져 혼란을 더 부채질했다. 다음날 비록 급매수로 주가가 어느 정도 회복되었으나, 이후에도 한국 증시는 살얼음판 위를 걷고 있다.

2024년은 경기 불안정만큼이나 정치적 불안 요소도 유난히 많았는데, 이러한 흐름도 고스란히 증시에 영향을 끼쳤다. 미국 대선 유세 기간 중 트럼프가 바이든 정부의 반도체 정책에 대한 비판 발언을 쏟아내자 주가 상승 랠리를 주도하던 엔비디아 주가가 연일 하락한 바 있다. 정부의 정책은 인공지능과 반도체 산업에도 지대한 영향을 미치기 때문이다.

그런가 하면, 7월 19일에는 마이크로소프트 클라우드발 글로벌 정보기술(IT) 대란이 발생했다. 보안 서비스를 제공하는 기업 크라우드스트라이크CrowdStrike 업데이트 패치가 마이크로소프트 운영 체제 윈도우와 충돌하면서 오류가 발생하고 먹통이 되는 '디지털 재난'이 일어났던 것이다. 클라우드 서비스 업계 2위인 마이크로소프트의 클라우드 서비스 장애로 홍콩 국제공항을 비롯한 전 세계 주요 공항과 은행, 병원 업무가 마비되는 등 대혼란이 발생하기도 했다. 포천 500대 기업 절반 이상이 이 보안업체의 소프트웨어를 사용하고 있었기에 파급효과와 충격이 컸다. 이 때문에 사고 당일 크라우드스트라이크 주가는 11% 넘게 급락했다. 반면 마이크로소프트는 서비스를 빨리 복구함으로써 주가가 0.7% 하락하는 데 그쳤다.[*] 오늘날과 같은 초연결사회에서는 모든 것이 연결되어 있어서 디지털 재난이 한번 발생하면 그 충격은 더 커질 수밖에 없으므로, 이런 디지털 리스크의 흐름도 읽을 수 있어야 한다.

이런 흐름을 읽어내는 방법의 하나는 언론 기사를 모니터링하는 것이다. 물론 언론 기사는 사건과 사실을 보도하면서 대개는 단기적 분석과 시사점을 제공한다. 하지만 언론 기사도 꾸준히, 그리고 오랫동안 읽고 분석하다 보면 맥락을 읽을 수 있다. 어느 정도의 트렌드 분석도 가능하다. 언론 기사를 면밀하게 모니터링하면서 중동전쟁

---

[*] 박형기 기자, "글로벌 사이버 대란 일으킨 크라우드스트라이크 11% 폭락", 뉴스1, 2024.7.20

을 예측해 큰 이익을 본 다음 사례는 시사하는 바가 크다.

1973년 제4차 중동전쟁이 일어나자 석유수출국기구 OPEC 산유국들은 석유를 무기화하는 전략을 채택한다. 원유 가격을 인상하고 석유 생산을 제한한 것이다. 지속적인 감산으로 원유 가격이 8배 이상 급등했던 이 사건을 '오일 쇼크'라 부른다. 그만큼 세계 경제에 막대한 영향을 끼쳤다. 특히 한국처럼 비산유국에는 재앙과도 같은 위기였다. 일본도 마찬가지로 비산유국이지만, 이러한 위기를 피해 간 기업이 있었다. 바로 일본의 이토추伊藤忠 종합상사이다. 당시 이 기업의 임원이었던 세지마 류조瀬島龍三는 이스라엘과 아랍국가 간의 분쟁 상황을 꼼꼼히 살펴보면서 전쟁 발생 전에 기습 공격 가능성, 공격 시점, 그리고 석유를 무기화할 가능성을 예측하는 정세분석 보고서를 회사에 제출했다. 이른바 '세지마 보고서'는 채택되었고 이토추는 전쟁 상황에 대비해서 미리 석유를 비축하기 시작했다. 결과는 어떠했을까? 위기는커녕 급등한 가격에 원유를 되팔며 큰 수익을 남겼음은 물론이다. 세지마 류조는 미래 예측 전문가가 아니었지만, 신문기사 모니터링만으로 흐름을 읽고 오일 쇼크를 정확히 예측해 회사에 큰 이익을 안겨주었다.*

　그렇다면, 지금 우리는 어떤 흐름의 시대를 살고 있을까. 지금 이 시대를 상징하는 핵심 키워드는 뭘까. 우리가 살아가는 21세기의 가치나 지향, 특징을 설명하는 키워드는 많겠지만, 우선 우리가 어떤 시대를 살고 있는지 올바로 규정해야 현재를 이해할 수 있고, 변화의 흐름도 제대로 읽을 수 있다.

　한 시대를 규정하는 요소에는 여러 가지가 있으며, 보통 그중 가장 중요한 요인을 근거로 시대를 규정한다. 예컨대, 르네상스 시대라고 할 때는 '인문주의Humanism'라는 시대정신이 중요하다. 또 석기시대, 철기시대 등의 역사적 구분법은 주로 사용하는 '도구나 재료'를 기준으로 하고 있으며, 대항해 시대, 세계대전 시대 등은 중요한 역사적 사건에 주목한다. 과학기술의 경우, 사회변동의 결정적 동인인데, 특히 범용 기술에 주목할 필요가 있다.

　'범용 기술General Purpose Technology'이라 함은 특정 분야에만 적용되는 것이 아니라 문자 그대로 범용으로 사용될

---

* 김경훈, 《트렌드 워칭》, 한국트렌드연구소, 2005, 17쪽

수 있는 기술을 가리킨다. 즉 기존의 경제와 사회 구조에 엄청난 영향을 미쳐 사회를 근본적으로 변화시킬 수 있는 기술이다. 예를 들면 산업혁명 시대의 증기기관, 정보 혁명기의 컴퓨터, 인터넷 시대의 웹World Wide Web 등이 범용 기술이다. 현재 가장 주목되는 범용 기술은 생성형 인공지능일 것이다. 이세돌 9단과 대국을 벌였던 알파고는 바둑용으로 개발된 특수목적의 인공지능이었지만, 그 이후 의료, 교육, 금융 등 다양한 분야에서 인공지능이 적용되면서 범용 인공지능 기술로 발전하고 있다. 인공지능은 디지털 시대를 대표하는 최강의 기술이자 사회변동을 주도하는 범용 기술의 반열에 오른 것이다.

인공지능의 구동을 위해 꼭 필요한 그래픽 처리 장치 (GPU) 등 반도체 역시 범용 기술이다. 반도체는 컴퓨터, 스마트폰, 인공지능, 가전제품, 의료기기 등 다양한 분야에서 사용되고 있으며, 오늘날 인공지능과 함께 디지털 전환을 주도하는 핵심기술이다. 엔비디아, TSMC, 브로드컴, AMD, 퀄컴, 그리고 한국의 삼성전자, SK하이닉스 등이 반도체를 설계하거나 제조하는 대표적인 기업들이다. 최근 엔비디아와 TSMC가 미국 증시에서 보여준 것처럼,

주식시장에서 반도체와 인공지능은 원팀으로 묶여 주가 상승을 견인하는 쌍두마차이기도 하다.

물론 이러한 흐름을 읽는다고 해서 개별적인 주가의 단기적인 등락을 정확하게 예측할 수 있는 것은 아니다. 위대한 천재 과학자 뉴턴이 주식 투자로 큰 손실을 본 후 했던 말은 다음과 같다. 그는 "나는 전제의 움직임을 계산할 수는 있지만, 사람들의 광기를 계산할 수는 없다I can calculate the motions of the heavenly bodies, but not the madness of people"라고 탄식했다. 증시의 추세는 복잡한 경우의 수를 갖고 있고, 거기에는 완전 예측 불가의 인간 심리도 포함돼 있다. 경기 불안, 정치적 불안정, 지정학적 위기 등으로 투자하려는 심리가 위축되는 현상은 언제든지 있을 수 있다. 하지만 그럼에도 불구하고 주도적인 기술 패러다임은 분명히 존재하며, 세상의 흐름을 놓치지 않기 위해서는 반드시 알아야 할 부분이기도 하다. 그리고 현재의 주도 기술은 인공지능과 반도체라는 사실이다.

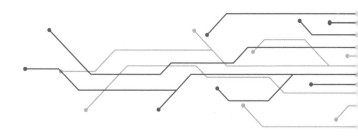

혁명적 부의 물결에 올라탄
AI의 가치를 프로슈밍해라

디지털 전환 시대의 게임 체인저 인공지능은 미래사회의 부의 생태계 형성에 결정적인 동인이 될 것이다. 무엇보다 빅데이터를 기반으로 정보와 지식을 생성하는 혁신의 도구라는 점에서 지식기반 사회에서 비교 불가의 지위를 갖게 될 것이다.

누구보다도 지식의 중요성을 강조했던 미래학자 앨빈 토플러는 일찌감치 '혁명적 부Revolutionary Wealth'라는 개념을 제안했다. 혁명적 부란 '지속적인 기술 발전과 지식기반 경제가 만들어내는 새로운 형태의 부'를 의미하며,

토지, 노동, 자본에 기반을 둔 기존의 전통적 부와는 본질적으로 다르다. 혁명적 부는 지식과 정보를 기반으로 하고, 무료 또는 최소 비용으로 배포, 확산 및 무한 복제가 가능하며, 전통적인 부와 달리 소모되거나 감가상각이 이뤄지지도 않는다. 새로운 부는 그래서 혁명적이며 정치, 경제, 사회, 문화에 지대한 영향을 미치고, 더 민주적으로 배분·공유될 수 있다. 전통적인 부는 소수의 손에 집중되는 반면, 지식과 정보는 기술과 도구를 가진 모든 사람이 접근해 사용할 수 있는 점에서 민주적이기도 하다. 또 혁명적 부는 물질적 부에 국한되지 않고 지식, 경험, 관계, 인간적 잠재력 등 비물질 자산까지 포괄한다.

《혁명적 부》는 앨빈 토플러가 아내 하이디 토플러와 함께 2006년 공저로 내놓은 책 제목이기도 하다. 우리나라에서는 《부의 미래》(청림출판사, 2006)라는 제목으로 번역, 출간되었다. 이 책은 토플러에게 세계적인 미래학자의 명성을 안겨주었던 1980년의 저작 《제3의 물결The Third Wave》을 계승하고 있지만, 동시에 이론적·사상적 확장판이라고 할 수 있다. 기간으로 보면 한 세대(약 25~30년)의 시차를 두고 출간되었던지라 기존 저서 《제3의 물결》

에 없던 두 가지 중요한 요소가 추가되었다. 하나는 사이버 공간, 인터넷, 소셜미디어 등과 같은 디지털 신기술이며, 또 하나는 부의 창출 시스템에 대한 새로운 견해이다. 기본적으로 토플러는 부의 창출에 있어서 지식의 중요성을 강조해 왔는데, 지식 생성의 강력한 도구인 인공지능은 토플러의 혁명적 부의 개념과 맞닿아 있다.

토플러는 사회는 경제만으로 이루어지는 것이 아니며, 또 경제는 화폐경제에만 국한되지는 않는다고 보고 있다. 그가 주목하고 강조하는 것은 경제의 숨겨진 절반에 해당하는, 이른바 '프로슈머 경제'이다.

토플러가 《제3의 물결》에서 처음 제시한 개념인 프로슈머prosumer는 생산자producer와 소비자consumer의 합성어로 단순히 제품이나 서비스를 소비하는 것을 넘어 생산 과정에 직접 참여해 제품이나 서비스를 공동으로 만드는 사람까지 포괄한다. 예를 들어, 레고 블록을 이용해 자신만의 제품을 만드는 사람도 프로슈머이고, 혼자 코딩을 해 맞춤형 소프트웨어를 만드는 사람도 프로슈머이다. 다른 사람들과 함께 아이디어를 공유하며 새로운 제품을 개발하는 것, 오픈 소스를 활용해 프로그램을 공동으로 업그레이드 하는 것 등도 프로슈밍prosuming이다. 미래에는 인공지능을 활용한 모든 개인적인 지식 활동도 프로슈밍이 될 수 있다.

"오늘날 (...) 추정되지도 측정되지도 않고, 대가도 없이 대대적으로 경제활동이 벌어지는 숨은 경제가 있다. 바로 비화폐의 프로슈머 경제prosumer economy이다. (...) 화폐 경제에서 잠시 눈을 떼고 경제에 대한 이런저런 주장들에서 벗어나 보면 몇 가지 놀라운 점을 발견하게 된다. (...) 대다수 경제학자들이 크게 주의를 기울이지 않고 있음에도 불구하고 그들이 면밀히 관심을 기울이는 화폐경제 안의 50조 달러는 프로슈머 경제 없이는 단 10분도 존재하지 못한다는 사실이다."*

토플러가 이야기했던 비화폐 경제, 즉 프로슈머 경제에 대해 다소 장황하게 인용했는데, 왜냐하면 지식과 정보가 고부가가치의 핵심적 원천이 되는 지식정보사회, 곧 데이터 경제에서는 보이지 않는 프로슈머 경제의 비중이 점점 더 커지게 되며, 따라서 항상 염두에 두어야 한다고

---

* 앨빈 토플러·하이디 토플러, 《앨빈 토플러, 부의 미래》, 청림출판, 2006, 225~226쪽

생각하기 때문이다. 인공지능이 지식정보의 도구라면, 이를 사용함으로써 창출되는 가치의 상당 부분은 프로슈밍에서 발생할 것이다. 인공지능을 활용해 지식의 가치를 높이는 것은 화폐경제에 포함되지 않더라도 엄연히 가치를 생산하는 지식 활동이다. 인공지능 시대에는 이런 점까지 고려하면서 경제와 사회 변화를 바라볼 필요가 있다.

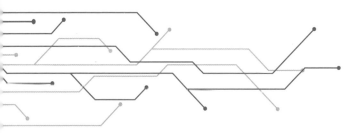

인공지능 시대에 돈 버는 방법은
이전과 다르다

　자본주의 경제에서 기업의 역할은 매우 중요하며, 이는 인공지능 시대에도 마찬가지일 것이다. 그러나 산업화 시대, 디지털 시대, 인공지능 시대로 나누었을 때, 시대마다 돈 버는 기업은 각각 다를 수밖에 없다.

　산업화 시대는 시기적으로 18세기 후반부터 20세기 중반까지이며, 주로 대규모 제조업체와 관련 기업들이 번성했다. 이들은 대량생산과 규모의 경제에 집중했다. 대규모 공장을 짓고, 단위 생산 비용을 낮추고, 표준화된 제품을 대량으로 생산·판매·유통해 수익을 창출했다. 거대한 기업은 원자재 생산부터 최종 제품 판매까지 자체적으로 수행하거나 수직 계열화해 수익을 극대화했고, 공장, 기계, 토지 등 물리적 자산이 기업 가치 창출의 주된 원천이었다. 이 시기 주요 산업으로는 철강, 석유, 화학, 자동차 등을 들 수 있고, 대표적인 기업으로는 미국의 카네기철강, 포드 자동차, GE, 엑슨모빌, 독일의 지멘스, 크루프, 영국의 임페리얼 케미컬 인더스트리즈 등이 있다.

디지털 시대는 20세기 중후반부터 인터넷이 확산·보급되던 21세기 초반 정도까지로 볼 수 있다. 이 시기는 컴퓨터 하드웨어, 소프트웨어, 인터넷 서비스, 디지털 플랫폼 등의 기술을 보유한 기업이 두각을 나타냈다. PC 판매, 정보 검색, 플랫폼과 네트워크, 온라인 광고 등에서 수익이 창출되었고, 데이터, 정보, 지식, 브랜드, 특허 등 무형자산의 중요성이 부각되었다. 주요 산업으로는 IT, 통신, 스마트폰, 인터넷 비즈니스, 소프트웨어, 게임 등을 들 수 있고, 대표적인 기업으로는 미국의 IBM, 마이크로소프트, 애플, 구글, 아마존, 핀란드의 노키아, 한국의 삼성전자 등을 들 수 있다.

인공지능 시대는 대략 2016년 알파고 쇼크 이후부터

이다. 인공지능과 반도체 산업이 비약적으로 발전하고 있고, 데이터 분석과 기계학습 등 AI 기술을 개발, 보유, 활용하는 기업이 성공을 거두고 있다. 엔비디아처럼 AI 컴퓨팅 하드웨어를 제공하는 기업, AI 기술에 투자해 기술 개발 및 서비스를 하는 마이크로소프트, 빅데이터와 인공지능 기술의 선두기업인 구글 등 빅테크 기업이 주요 플레이어로 주목받고 있고, 매출 실적도 양호하다. 인공지능, 빅데이터, 클라우드 컴퓨팅, 로봇, 자율주행차 등을 주요 산업으로 들 수 있으며, AI 기반 서비스, AI 애플리케이션, AI 스마트폰, 데이터 판매, 빅데이터 분석, 맞춤형 광고, 자율주행차, 인공지능 반도체 등이 수익모델이다. 대표적인 기업으로는 미국의 오픈AI, 엔비디아, 마이크로소프트, 애플, 구글, 아마존(AWS), 테슬라, 중국의 바이두, 알리바바, 텐센트, 한국의 네이버 등을 들 수 있다.

산업화 시대에는 대규모 생산시설과 자본을 보유한 대기업이 주도했고, 규모의 경제를 통해 대량생산으로 매출을 높였다. 반면 디지털 시대 이후에는 기술 기반의 중소기업이나 스타트업도 빠르게 성장할 수 있는 환경이 조성되기 시작했다. 산업화 시대부터 인공지능 시대까지 기술의 발전 속도는 점점 빨라지고 있다. 기업의 생존 주기도 짧아지고 있으며, 시장의 변화에 대한 빠른 대응 능력이 중요해지고 있다. 산업화 시대에는 생산·제조에서 주요 수익이 창출되었으나, 디지털 시대 이후부터는 생산·제조의 수익률보다는 연구개발, 마케팅, 서비스 등의 수익률이 더 커지고 있다. 디지털 시대부터는 기술의 융합 현상도 두드러지면서 산업 간 경계가 모호해지고 다양한 분야에 걸친 새로운 비즈니스 모델이 만들어지고 있다.

이렇게 신기술의 등장으로 기술 지형과 범용 기술이 변화하면 산업의 구조와 주요 산업이 바뀌고, 돈 버는 기업도 달라진다. 인공지능 시대에는 어떤 기업이 어떤 기술로 어떻게 돈을 버는지 면밀하게 살펴봐야 한다.

지금 AI 기업은 돈을 많이 벌고 있을까. 예를 들어, 오픈AI는 인공지능 시대를 연 주인공이자 압도적 기술력을 가진 대표적인 AI 기업이다. 챗GPT 출시 2개월 만에 1억 명 사용자를 모았던 매우 핫한 기업이며, 2024년 8월 기준 사용자는 2억 5,000만 명 이상으로 추정된다. 하지만 오픈AI도 아직 적자를 벗어나지는 못하고 있다. 2024년 적자 규모는 최대 50억 달러(약 7조 원)에 이를 수 있다는 전망도 있었다.* 수익보다 투자와 지출이 더 많다는 얘기이다.

어쨌건 오픈AI는 무엇으로 돈을 벌까. 주 수입원은 소프트웨어를 연결하는 중간 다리 API<small>Application Programming Interface</small>와 클라우드 서비스이다. 기업과 개발자에게 API를 통해 GPT 모델, 달리<small>DALL-E</small> 등의 서비스를 제공하고 있고, API 사용량에 따라 과금한다. 또 아마존의 AWS, 마이크로소프트의 애저 등 클라우드 플랫폼에 서비스를 제공해 수익을 공유한다. 그밖에 글로벌 기업과의 파트너십, 라이선스 계약 등을 통해 수익을 올리거나 기업과 연구기관에 맞춤형 AI 솔루션과 컨설팅을 제공해 수익을 창출하기도 한다. B2C<small>Business to Consumer</small>, 즉 기업과 소비자 간 거래 수익으로는 소비자들에게 유료로 제공하는 챗GPT Plus 등의 월 구독료 수입이 있다. 이처럼 다양한 방식으로 매출을 올리고 있지만, 연구개발과 유지에 들어가는 비용이 아직은 더 큰 상황이다. AI 모델 개발을 위한 실험과 데이터 수집 비용, 데이터 사용료 지출이 많으며, 클라

---

* 박찬 기자, "오픈AI, 올해 7조 적자 예상", AI타임스, 2024.7.26

우드 컴퓨팅 지원과 데이터 저장 비용, 고성능 컴퓨팅 인프라 유지비용도 엄청나다. AI 연구자, 개발자, 데이터 과학자 등에 대한 고액 인건비도 주요 지출 항목 중 하나이다. 오픈AI는 비영리 연구기관으로 출발해 투자를 유치하면서 연구개발을 해왔으나, 최근 들어 상업적 모델로 수익을 창출하거나 기술 상업화와 파트너십으로 수익성을 확보하려는 노력을 적극적으로 하고 있다. 챗GPT 사용자는 많지만, 아직 유료 구독자가 많지는 않다. 향후 유료 구독 수입, API 서비스 수입 등이 꾸준히 늘어나면 수익성은 분명 개선될 것이다. 오픈AI가 적자에서 흑자로 전환하는 시점은 아마도 인공지능 시장의 수익성이 개선되는 신호탄이 될 가능성이 크다.

분명한 것은 인공지능 기술은 발전하고 있고, 시장도 커지고 있으며, 돈 버는 기업도 있다는 사실이다. 인공지능 시대에 접어들면서 더 많은 돈을 벌게 된 기업으로는 엔비디아와 TSMC가 대표적이다. 엔비디아는 폭발적인 주가 상승으로 어마어마한 주식 차익을 실현하고 있다. CEO 젠슨 황 자신도 2024년 6월 한 달 동안 자신의 주식 130만 주를 팔았다. 매도 금액은 1억 6,900만 달러, 약

2,344억 원이다. 엔비디아도 돈을 벌었지만, CEO 젠슨 황도 주식 가치가 상승하면서 돈방석에 앉게 되었다.

만약 일반인 개인 투자자가 아주 오래전 엔비디아에 투자했다면, 그 역시 엄청난 수익을 올렸을 것이다. 어디에 투자하고 어떻게 돈을 버는가는 운이 아니라 실력이다. 주식투자도 마찬가지이다. 주식 투자로 돈을 버는 건 개인만이 아니다. 기관이나 회사도 주식투자로 돈을 벌 수 있다. 가령 연기금(연금을 지급하는 원천이 되는 기금)을 운용하는 국민연금공단은 막대한 규모의 연기금을 재원으로 주식투자를 한다. 우리나라 국민연금공단은 기금 규모가 1,000조 원이 넘는 세계 3대 연기금 중 하나이다. 최근 국민연금공단은 미국 주식에 직접 투자해 6개월 사이 20조 원 넘는 수익을 올렸다고 한다. 특히 지난해부터 인공지능 열풍으로 주가가 급상승한 엔비디아, 메타, 애플, 마이크로소프트 등 M7 종목에 집중적으로 투자해 많은 수익을 올릴 수 있었다.* 연기금이 어디에 투자하는가도 기술 트렌드와 밀접한 관련이 있다. 즉 미래 변화를 잘

---

* 김성수 기자, "국민연금, 6개월새 20조 벌었다 … 미국주식 뭐 샀나 봤더니", 이데일리, 2024.8.23

읽으면 돈을 벌 가능성도 커질 수 있다는 의미이다. 기업은 기술 개발과 서비스 제공으로 돈을 벌지만, 개인과 기관은 투자로 돈을 벌 수도 있다. 앞으로 인공지능 기술 초격차 시대에는 더 큰 기회가 열릴 것이다.

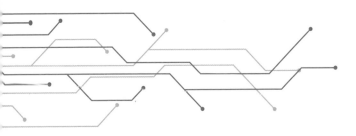

픽앤쇼벨 전략,
AI 기업만 돈을 버는 게 아니다

신기술은 연구개발, 생산, 소비, 유통 등 전 단계에 걸쳐 부의 생태계를 만든다. 인공지능 시대의 부의 생태계에서는 당연히 인공지능 기술이 중심적 역할을 할 것이다. 인공지능을 둘러싸고 새로운 일자리와 산업 생태계가 만들어지고 시장 규모도 점점 커질 것이다. 또한 일상에서 인공지능의 상용화가 이루어지면, 우리의 업무는 물론 정보·지식의 획득, 생성, 활용 방식과 범위도 근본적으로 바뀔 것이다.

현재 인공지능 산업은 초기 단계이다. 클라우드 서비

스, 하드웨어 제조 등 관련 산업으로 수익을 창출하는 기업은 적지 않지만, 인공지능 기술이나 서비스로 직접 수익을 창출하는 기업은 많지 않다. 신기술이 산업 생태계를 구축하고 안정적인 시장을 형성하려면 어느 정도의 시간이 필요하다. 또 모든 혁신 기술이 다 시장과 수요를 창출하고 생태계를 구축하는 것은 아니다. 혁신적인 디지털 기술 중에 산업 생태계를 구축하고 있는 유사한 사례로 메타버스 생태계를 살펴보자.

메타버스는 코로나19 팬데믹이 한창이었던 2021년, 재택 시간이 길었던 시절에 특히 주목받았던 혁신 기술이며, 당시 메타버스 기업들이 잇달아 주식시장에 상장하면서 투자가 과열되었던 분야이다. 정보통신기획평가원이 발표한 〈2022 ICT 10대 트렌드 보고서〉를 보면, 첫 번째가 '메타버스, 디지털 신대륙을 개척하다'였다. 그만큼 중요한 이슈였다. 현재의 인공지능이나 반도체에 쏠리는 관심이나 기대만큼 당시에는 메타버스가 주목받았다. 하지만 처음 기대했던 만큼 시장이 활성화되거나 생태계가 형성되지 못했고, 현재로서는 다소 정체된 답보상태라고 할 수 있다. 메타버스로 확실하게 돈을 버는 기업들이 많지 않기 때문이다. 그럼에도 불구하고 기술과 서비스, 소비를 둘러싸고 어느 정도의 메타버스 생태계는 구축되어 있기에 미래의 인공지능 생태계를 전망하는 데 충분히 참고할 만하다.

주지하다시피 메타버스는 물리적 세상은 아니지만, 현실 세계와 같은 사회적·경제적 활동이 이루어지는 3차원 가상공간을 가리킨다. 메타버스는 초월을 뜻하는 '메타Meta'와 우주, 세상을 뜻하는 '유니버스Universe'의 합성으로 이루어진 신조어인데, 꽤 오래전인 1992년 닐 스티븐슨의 SF 소설 《스노크래시Snowcrash》*에 처음 등장한 용어이다. 용어가 처음 만들어졌던 당시에는 별 관심을 끌지 못했지만, 가상현실, 증강현실, 사물인터넷, 블록체인, 인공지능 등 신기술의 부상과 특히 코로나19 팬데믹이라는 사회적 배경 속에 주목받게 된 개념이다. 메타버스 열풍이 불던 당시, 폭발적 관심을 끌었던 기업은 메타버스 게임 대장주 로블록스이다. 최고점에 비하면 그간 주가는 많이 떨어졌지만, 그래도 가입자 3억 명을 보유하고 있고

---

* Neal Stephenson, 《Snow Crash》, Penguin Books, 1992

활성화된 게임 플랫폼을 구축해 운영하고 있다. 로블록스 외에도 주목할 만한 메타버스 플랫폼으로 제페토, 이프랜드, 마인크래프트, 포트나이트 등을 들 수 있다.

메타버스 생태계는 콘텐츠·플랫폼, 디바이스, 네트워크, 클라우드, 운영 체제, 반도체 칩셋(GPU), 실감 기술, 저작도구, 인증 및 지급결제(가상화폐) 등 다양한 요소로 구성되며, 관련 기업들이 생태계 내에서 각각의 역할과 기능을 하고 있다. 그중 가장 핵심적인 분야는 콘텐츠·플랫폼인데, 이용자가 가상공간에서 교류하고 게임, 공연 감상, 협업 등 다양한 활동을 할 수 있도록 해주는 기반이다. 로블록스, 포트나이트, 제페토 등이 대표적이다.[**] 여러 기술기업들로 이루어진 생태계의 구성 요소와 주요 기업을 살펴보면 다음 표와 같다.

이런 복잡한 메타버스 생태계 내에서 어떤 기업은 플랫폼·콘텐츠를 운영·제공하면서 돈을 벌고, 어떤 기업은 클라우드를 제공하면서 매출을 올리며, 엔비디아 같은 기업은 GPU를 팔아서 돈을 벌고 있다.

[**] 홍아름, 메타버스 생태계의 구성 요소 및 관련 기업 동향, <기술과 혁신>, 2022년 3/4월호

구성요소	역할/기능	주요 기업(제품)	특징/비고
콘텐츠·플랫폼	이용자가 가상공간에서 교류·활동하는 디지털 플랫폼 운영 및 콘텐츠 제공	로블록스, 마인크래프트, 제페토 등	게임, SNS 등으로 운영
디바이스	메타버스를 이용할 수 있는 헤드셋, 글래스 등 XR기기	애플 비전 프로, 메타 오큘러스	해외 기업이 시장을 지배, 국내 제품은 부족
네트워크	5G 네트워크를 기반으로 자체 플랫폼을 구축·운영하거나 다른 기업과 협력	SK텔레콤, KT, LG U+ 등 통신사	자사 네트워크를 기반으로 직접 플랫폼을 운영하고, 콘텐츠를 제공하기도 함(SK텔레콤 이프랜드)
클라우드	콘텐츠/플랫폼 기업에 클라우드 서비스 제공	아마존 AWS(Amazon Web Service), MS 애저(Azure), 구글 클라우드 등	메타버스의 안정적 운영을 위해 필수적
운영 체제 (OS)	콘텐츠 / 플랫폼을 구동하는 운영 체제	애플 iOS, 오큘러스 OS, 삼성 타이젠 OS 등	기존 XR기기는 주로 구글 안드로이드 OS, 애플 기기는 iOS 이용
반도체 칩셋 (GPU)	메타버스 게임 구현을 위한 그래픽 처리 장비(GPU) 제공	엔비디아 지포스(Geforce), AMD 라데온 (Radeon) 등	애플, 인텔, ARM 등은 내장 그래픽을 자체 생산해 탑재
저작 도구	게임 제작을 위한 게임 엔진, 소프트웨어 등 개발	Unreal, Unity 등	국내에서는 헬로앱스, 맥스트 등 기업에서 초보자용 개발도구 제공
실감 기술	컴퓨터그래픽, 시각특수효과, 버추얼 프로덕션 등 실감 기술 및 실감형 콘텐츠 개발	해외: Industrial Light&Magic, Digital Domain 등 국내: 자이언트 스텝, CJ E&M 등	국내 자이언트 스텝은 걸그룹 에스파 쇼케이스 등 비대면 XR 공연 구현
인증/ 지급결제	사용자 인증 기술과 플랫폼 내에서 지급결제 서비스 제공	블록체인 기반 스마트 계약, NFT 기술 서비스, 가상 암호화폐 기술 등	디지털 화폐에 대한 신뢰성, 자산 호환성 문제 등으로 활성화되지는 못하고 있음

메타버스 생태계의 구성 요소*

---

* 홍아름, 메타버스 생태계의 구성 요소 및 관련 기업 동향, <기술과 혁신>, 2022년 3/4월 호 참고하여 재구성함

이제 활성화되기 시작한 인공지능 기술도 메타버스와 마찬가지로 다양한 기술과 역할이 연결되면서 생태계를 이룰 것이고, 그 속에서 돈 버는 기업들이 속속 나타날 것이다. 인공지능 기술의 산업 생태계가 어떻게 구성될 수 있을지에 대해 챗GPT, 제미나이 등 생성형 인공지능에 질문한 답변을 참고하면서 미래 산업 생태계 전망을 요약해 보면 다음과 같다.

인공지능 산업은 기술 연구개발, 플랫폼 및 클라우드, 응용서비스 개발, 유통 및 AS, 데이터 및 인력양성 등 구성 요소별로 연결되면서 생태계가 만들어질 것이고, 인공지능 불법 유통 등 지하경제도 생성될 수 있다. 우선 머신러닝과 딥러닝 알고리즘, 자연어 처리 엔진 개발 등 기술의 연구개발 생태계가 있다. 다음은 인공지능 모델 개발, 학습, 배포, 관리 등을 지원하는 클라우드 서비스와 플랫폼이 있다. 챗GPT 등 현재의 생성형 인공지능은 방대한 데이터의 축적·관리·처리 등을 위해 클라우드를 사용하는 클라우드 기반의 인공지능이기 때문에 인공지능 기술이 발전하면 클라우드 산업은 덩달아 더 커질 수밖에 없다. 인공지능 산업이 커지면 인공지능 학습을 위한 데이터 산업이 함께 커지고, 인공지능 전문인력을 양성하기 위한 교육산업도 커질 것이다. 모든 디지털 산업이 그러하듯 불법 복제·유통 규모도 커질 것으로 예측된다.

한편 리서치 전문기업 마켓앤마켓의 조사보고서는 2030년까지 인공지능 기술이 단계별로 발전할 것이고, 이렇게 해서 구축될 AI 생태계는 다음과 같을 것으로 전망하고 있다. ▽하드웨어 및 장치(엔비디아, 인텔, 삼성 등) ▽네트워크(시스코, HPE, 화웨이 등) ▽소프트웨어(마이크로소프트, 세일즈포스, SAP 등) ▽보안(맥아피, 팔로알토 등) ▽플랫폼(AWS, 구글, 메타 등) ▽서비스(딜로이트, 액센츄어, PWC 등) ▽클라우드(AWS, MS, 구글 등) 등으로 구분했다.*

기술 발전 단계와 수요에 따라 돈 버는 기업도 달라질 수 있다. 가령, 현재 인공지능 시장에서 가장 많은 수익을 올리는 기업은 엔비디아와 TSMC 등 인공지능 반도체 기업이다. 한국 기업 중에는 SK하이닉스가 엔비디아 반도체 제조의 밸류 체인에 포함돼 있어 최대 수혜를 입고 있

---

* 임대준 기자, "2030년 AI 글로벌 시장 규모 1800조… 2023년 9배 달할 것", AI타임스, 2024.3.21

다. 아마존 AWS, 마이크로소프트 애저, 구글 클라우드 등 클라우드 분야 빅3도 인공지능 특수로 수익이 늘고 있다. 인공지능이 구현되는 플랫폼과 디바이스 기업인 애플도 인공지능 효과로 돈을 벌고 있다. 생성형 인공지능 기술의 리더는 챗GPT를 개발한 오픈AI, 클로드를 개발한 앤스로픽 등이지만, 정작 이들 핵심기술 개발 기업들은 돈을 크게 벌지 못하고 있고 투자를 기반으로 연구개발에 매진 중이다. 현 단계에서는 인공지능 가치사슬에서 인공지능 반도체 분야가 고수익을 창출하고 있는 분야이다. 인공지능 연구기업이든 서비스 기업이든 반도체는 필수이므로 그 특수를 기반으로 반도체 기업들이 잘 나가고 있다. 이런 현상을 두고 전문가들은 '픽앤쇼벨 전략'이라고 설명한다.

'픽앤쇼벨Pick & Shovel'이란 19세기 미국 골드러시 당시 금광으로 몰려든 광부들에게 곡괭이Pick와 삽Shovel을 팔던 사람이 돈을 벌었던 역사적 사실에서 착안한 개념이다. 금광을 찾아 몰려드는 기업과 노동자들이 많은 상황에서 금광 채굴로 돈을 버는 기업보다 곡괭이와 삽을 파는 기업이 안정적 수익을 올렸던 데서 기인한다. 물론 운이 좋아 금맥을 발굴하고 개발하면 결국 금광회사가 더 많은 돈을 벌겠지만, 골드러시 국면에서는 금광회사뿐만 아니라 금광 채굴과 연관된 여러 기업도 돈을 벌 수 있다는 얘기이다.

금광회사는 '하이 리스크, 하이 리턴High Risk, High Return' 가능성이 컸지만, 곡괭이나 삽을 제조해 판매하는 경우는 큰 리스크 없이 안정적으로 수입을 올릴 수 있었다. 또 골드러시 당시 험한 작업을 해야 했던 광산노동자들은 잘 찢어지지 않는 재질로 만든 청바지를 즐겨 입었기에 리바이스 같은 회사도 덩달아 돈을 벌었고, 노동자들이 돈을 고향에 송금하던 특수 때문에 송금업자도 돈을 벌었다고 한다. 픽앤쇼벨은 하나의 유용한 비즈니스 전략이다. 그 핵심 아이디어는 특정 산업이나 트렌드에 직접 참여하지는 않더라도 그 산업에 필요한 도구나 서비스를 제공해 기회를 찾는 것이며, 이를 통해 리스크는 줄이면서 성장산업의 이점은 최대한 누린다는 것이다.

지금 인공지능 시장에서도 비슷한 현상이 벌어지고 있다. 직접 인공지능 연구개발을 하거나 서비스하는 기업이 아니라 인공지능 반도체를 만드는 엔비디아와 TSMC,

생성형 인공지능의 데이터 클라우드 서비스를 제공하는 아마존 AWS와 마이크로소프트 애저 등이 돈을 벌고 있다. 인공지능은 19세기 골드러시에 비견될만한 디지털 골드러시이며, 인공지능 반도체나 클라우드 서비스는 디지털 골드러시의 픽앤쇼벨(곡괭이와 삽)이라고 할 수 있다. 인공지능 시대에는 AI 기술기업만 돈을 버는 게 아니라 관련 하드웨어, 부품, 인프라, 데이터 센터 기업 등에게도 엄청난 기회가 주어지는 이유이다. 따라서 AI 기술 자체도 중요하지만, 그 기술을 뒷받침하는 인프라에도 주목할 필요가 있다. 이 때문에 인공지능 산업 생태계 전반을 크게 보고 두루두루 관심을 기울여야 한다.

앞으로 인공지능 기술이 지속적으로 발전하고 시장이 커지게 되면, 궁극적으로는 인공지능 개발사나 서비스 회사가 가장 돈을 많이 벌 것이다. 하지만 하드웨어 반도체나 클라우드 회사 등 AI 기술 연관 회사도 그만큼 돈 벌 기회를 많이 갖게 될 것이다. AI 기술을 갖춘 인재 수요가 급증하면 AI 교육 프로그램, 온라인 강좌, AI 전문 출판사들도 AI 시대에 '픽앤쇼벨'을 제공하는 기업으로 거듭날 수 있다. AI 보안 솔루션 회사나 빅데이터 기업도 더 많은 기회를 맞을 수 있다.

글로벌 기업 중에 AI 산업에 뛰어들지 않는 기업은 거의 없다. AI가 디지털 골드러시이자 미래의 기회임을 알기 때문이다. SK그룹 최태원 회장은 SK그룹의 지식경영 플랫폼 '이천포럼 2024'에 참석해 "인공지능이 가져오는 변화들이 우리에게는 모두 기회"라며 "이 트렌드를 잘 활용해 변화를 빨리 이끌어 나가는 것이 AI 생태계에서 살아남는 방법이 될 것"이라고 말했다. 최 회장은 "지금 확실하게 돈을 버는 것은 AI 밸류 체인으로, 빅테크들도 경쟁 우위를 점하기 위해 많은 투자를 하고 있다. 중간에 덜컹거리는 과정이 있겠지만, AI 산업은 우상향으로 발전할 수밖에 없다"라고 내다봤다.[*]

경제의 최전선에 있는 대기업 CEO로서 객관적인 현실 인식은 당연한 거겠지만, 이런 인식은 일반인에게도 필요하다. 개인의 업무 경쟁력, 자기 계발이나 투자를 위해서도 변화에 대해 분명한 인식을 해야 한다.

어느 구름에서 비가 내릴지는 아무도 모른다. 인공지

---

[*] 김아람 기자, "최태원, AI 산업, 중간에 덜컹거려도 우상향 발전... 우리에겐 기회", 연합뉴스, 2024.8.22

능 시대에 누가 돈을 벌지, 인공지능 산업 생태계의 어느 영역에서, 어느 기업이 잭팟Jackpot을 터뜨릴지는 아무도 모른다. 물 들어올 때 노를 저어야 한다. 지금 인공지능이라는 거대한 물결이 들어오고 있다. 거친 파도는 유능한 뱃사람을 만들고, 태풍이 몰아치면 선원들은 선장을 본다고 한다. 거친 변화의 물결에 휩쓸려 좌초하는 기업도 있을 거고, 기회를 포착해 도약하는 기업도 있을 것이다. 훌륭한 CEO는 변화의 흐름을 잘 파악해 미래를 향해 선원들이 노를 젓게 진두지휘할 것이다. 누가 노를 잘 저어 현명하게 돈을 벌지는 각자의 몫이다.

AI 붐,
닷컴 버블과 다른 이유를 찾아라

　인공지능과 반도체는 이 시대의 가장 중요한 범용 기술이고, 증시에서도 주가에 영향을 미치는 가장 중요한 변수가 됐다. 당장 2024년 한해만 보더라도, 세계 주식시장 시가총액 1위 기업의 순위 변화는 인공지능과 반도체 이슈가 일차적인 원인이었다.

　2024년 2월, 챗GPT에 투자하고 그 수혜를 입은 마이크로소프트는 애플을 제치고 시총 1위를 차지한 바 있다. 또 주가 랠리를 주도해온 반도체 팹리스 기업 엔비디아와 그 파트너 반도체 파운드리 TSMC의 주가 상승세는 몇 달 동안 멈출 줄 모르고 계속되었다. 엔비디아는 6월에는 비록 잠깐이긴 했지만 1위를 차지하는 파란을 일으키기도 했다. 그 이후 인공지능 부분에서 뒤처졌다는 평가를 받아온 애플이 생성형 인공지능을 애플 기기에 접목해 인공지능 생태계를 만들겠다는 '애플 인텔리전스' 전략을 발표하자 애플 주식은 다시 상승했고, 결국 빼앗긴 시총 1위를 되찾았다. 인공지능과 반도체 이슈가 증시에 영향을 미치면서 관련 주식들은 오르고 내리기를 반복하고 있다.

일부 전문가들은 이런 일련의 흐름에 대해, 지금은 인공지능에 대한 관심과 투자가 지나치게 과열되고 있으며 'AI 피크 아웃' 조짐까지 보인다고 진단한다. '피크 아웃 Peak out'이란 경기나 주식이 고점을 찍고 하락 국면으로 접어드는 상황을 가리키는 용어이다. 엔비디아에 대해서도 비슷한 우려가 제기되고 있다. 인공지능 반도체로 사용되는 GPU 시장에서 엔비디아가 여전히 압도적인 점유율을 차지하고 있지만, 그 절대적인 지위가 얼마나 지속될지 불투명하며 엔비디아에 대한 투자 심리나 미래가치에 대한 기대도 과도하다고 보는 전문가가 적지 않다. 정말 인공지능과 반도체에 대한 기대나 투자가 과도한 걸까. 이런 과열이 어느 순간 'AI 버블'로 나타나는 건 아닐까. 충분히 이유가 있는 우려이다.

이 문제에 대해 생각해 보려면, 과거 가장 유사한 사례였던 닷컴 버블dot-com bubble 사태와 비교해 보는 것이 좋을 것 같다. 인터넷 경제가 부상한 이후, 가장 큰 위기였던 닷컴 버블은 전대미문의 사건이었으며, 여러 가지 면에서 반면교사로 삼을 만하다. 닷컴 버블의 원인과 진행, 결과에 대해 간략히 살펴보자.

먼저, 닷컴 기업이 나타난 시점은 인터넷, 특히 월드와이드웹의 상용화부터였다고 할 수 있다. 월드와이드웹 World Wide Web은 유럽입자물리연구소CERN에서 일하던 팀 버너스 리Tim Berners-Lee가 1991년에 고안해 낸 혁신적인 웹 브라우저 시스템이다. 오늘날 일반인들이 말하는 인터넷은 사실은 웹이라고 줄여 부르는 월드와이드웹을 가리킨다. 인터넷상에서 정보를 찾아보고 공유할 수 있게 해주는 시스템인데, 지금 일상적으로 사용하는 웹사이트, 블로그, SNS, 검색포털 등은 모두 웹을 기반으로 만들어졌다. 많은 사람들이 인터넷과 웹을 같은 의미로 사용하고 있지만, 엄밀히 둘은 다른 개념이다. 인터넷은 전 세계의 컴퓨터를 연결하는 거대한 통신망이자 네트워크의 기반 시설을 말하는 것이고, 웹은 인터넷에서 작동하는 하나의 서비스로 하이퍼텍스트(링크)를 통해 연결된 문서들을 보여주는 시스템이다. 인터넷이 고속도로라면 웹은 고속도로 위를 달리는 자동차에 비유할 수 있다. 손쉽게 정보를 찾아보고 공유할 수 있는 혁신적 서비스인 월드와이드웹 발명으로 인해 비로소 인터넷 경제가 가능해졌다고 해도 틀린 말은 아닐 것이다.

월드와이드웹이 대중적으로 상용화되기 시작한 것은 1990년대 중반경이었다. 이 무렵 인터넷 기업들이 우후죽순처럼 생겨났고, 인터넷 경제에 대한 기대감 때문에 당시 닷컴 기업이라 불렸던 인터넷 기업의 주가는 하늘을 찌를 듯이 솟았다. 하지만 1990년대 말경부터 2000년대 초반에 걸쳐 이러한 기대감이 급격하게 무너지고 거품처럼 꺼지면서 많은 IT 기업이 도산했고, 투자자들은 막대한 손해를 봤다.

이와 같은 일련의 역사적 사태를 '닷컴 버블'이라 부른다. 당시 미국 최대 인터넷 사업자였던 AOL America Online은 시가총액이 1,000억 달러가 넘었고 대표적인 닷컴 기업이었다. 하지만 최대의 인터넷 기업 AOL과 세계 최대 미디어 그룹 타임워너가 합병하면서 급속히 붕괴하기 시작했고, 미국 역사상 최악의 기업 손실액인 980억 달러 적자를 기록했다. 주목받던 온라인 식료품 배송서비스 회사 웹밴Webvan(1996년 창업, 2001년 도산)도 고비용 저수익성으로 인해 파산하는 등 거대 인터넷 기업들이 줄줄이 도산했다. 한국의 경우, 닷컴 버블 붕괴의 대표적 사례는 새롬기술이다. 벤처기업 새롬기술은 1999년 코스닥 시장에 상장했고, 다이얼패드라는 무료 인터넷 전화 서비스를 제공하면서 큰 인기를 얻으며 주가가 폭등했다. 1999년 10월 1,890원에 거래되던 주가가 2000년 3월 28만2,000원까지 약 150배 뛰었을 정도이다. 그러나 2000년 말 5,000원대로 주가가 폭락하며 거품 같았던 인기를 방증하고 말았다.

이런 역사적 전례 때문에, 최근 일부 전문가들은 닷컴 버블을 소환하면서 인공지능 버블의 가능성을 경고하고 있다. 또한 현재 승승장구하는 엔비디아나 인공지능 기업의 리스크에 주목해야 한다고 주장한다. 닷컴 버블 상황과 현재 인공지능 랠리는 비슷한 점도 있지만 다른 점도 많다. 닷컴 버블 당시 IT 기업은 대체로 투자자들의 기대 감만 컸고 실제로는 고비용 저수익성 구조였던데 비해, 지금의 엔비디아 같은 기업은 폭발적 반도체 수요를 기반으로 안정적인 매출 상승을 유지하고 있는 점이 가장 다르다.

인공지능과 반도체는 몇 년 전 메타버스 기술처럼 일시적으로 주목을 받았다가 버블이 꺼졌던 사례와도 다르다. 메타버스 기업들은 기술은 뛰어나지만, 안정적 수요를 창출하지는 못했고 매출을 기반으로 활성화된 산업 생태계를 이루지도 못했다. 반면 지금의 인공지능과 반도체 기업은 실질적 수요와 매출을 기반으로 하고 있다. 디지털 전환 시대에 인공지능과 반도체는 모든 분야에 적용될수 있는 대표적인 범용 기술이다. 인공지능과 반도체 기업들은 현재의 과도기적 상황에서 반복적인 주가 등락을 겪고 있지만, 그럼에도 불구하고 견고한 안정세를 유지하고 있다. 미래의 성장 가능성 또한 매우 크다.

2024년 8월 5일, 경기침체 공포로 인한 '블랙먼데이' 당시 글로벌 증시는 일시적으로 폭락했다. 국내 증시는 코스피와 코스닥 시장 모두에서 서킷브레이커가 발동되었고, 코스피는 장중 10% 넘게 폭락하는 등 대혼란이 야기됐다. 일본 증시, 대만 증시도 각각 장중 10%, 7% 폭락했다. 하지만 경기침체를 뒷받침할 확실한 경기지표도 없었고 증시 유동성도 나쁘지 않은 상황이어서 곧바로 반등했으며, 이후 등락을 반복하면서 어느 정도 회복됐다. 블랙먼데이 전후 주가 변화를 보면, 미국 나스닥 지수는 이틀간 약 5.8% 떨어졌다가 1% 회복됐다가 다시 1%가 떨어졌다. 일본 닛케이지수는 18.2% 폭락했다가 11,4% 반등해 안정세를 되찾았다.

한편 한국 코스피 지수는 이틀간 12.6% 정도 떨어졌다가 5.1% 반등해 미국이나 일본의 증시 상황과 비교하면 회복 탄력성이 낮은 편이었다. 증시 전문가들은 이런 한국 증시의 불안정성에 대해 "미국 경기침체 우려는 외형에 불과하고 엔비디아를 비롯한 AI 관련주들에 대한 거품론이 이번 폭락 장세의 본질이며, 그동안 엔비디아 주가가 글로벌 매크로 지표를 무시하고 올랐던 것처럼 현재 지표를 무시하고 떨어지는 것"이라고 진단했다.* 객관적

---

* 노정동·한경우 기자, "대폭락 전조? … 블랙먼데이 패닉에 증권가 답했다", 한국경제, 2024.8.5

지표와 관계없이 심리적인 기대나 패닉이 과도하다는 해석이었다. 반도체나 인공지능에 대한 기대가 과도해서 고점론을 주장할 수는 있다. 하지만 반도체와 인공지능을 대체할 만한 디지털 신기술이 등장할 가능성이 아직 없는 상황에서 이러한 패닉은 단지 심리적 패닉에 불과할 뿐이다.

요컨대, 인공지능과 반도체는 일시적 기술 트렌드가 아니라 지속 가능한 미래 기술이라고 할 수 있다. 인공지능과 반도체 빅테크 기업의 주가가 경기침체 우려나 지정학적 전쟁 위기, 급격한 정책 변화 등으로 단기적으로 조정되거나 어느 정도 하락할 수는 있다. 아무리 엄청난 첨단 디지털 기술이라 하더라도 정치적·경제적 위기를 피할수는 없는 법이다. 하지만 인공지능 기술은 부침을 겪으면서도 결국은 힘을 발휘하게 될 것이다. 좀 큰 호흡으로 미래를 향한 기술 트렌드를 조망해보면, AI 버블이나 AI 피크아웃 가능성보다는 오히려 단기적 위기나 조정 이후다시 AI 전환, AI 혁신이 제 궤도를 찾을 가능성이 훨씬 크기 때문이다.

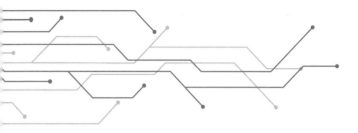

인공지능 춘추전국시대,
패권 그룹을 주목해라

인공지능 기술기업은 우후죽순처럼 늘어나고 있고, 관련 시장 규모 또한 꾸준히 커지고 있다. 리서치 전문기업 마켓앤마켓의 조사보고서는 2030년 인공지능 글로벌 시장 규모는 약 1,800조 원으로 2023년의 9배에 달할 것으로 전망한다. 전 세계 인공지능 시장 규모가 2023년 1,502억 달러(약 200조 원)에서 2030년에는 1조 3,452억 달러(약 1,800조 원)로 성장한다는 예측이다.

이 보고서는 또한 2030년까지의 기술 로드맵을 다음과 같이 3단계로 구분했다. 1단계(2023~2025년)의 주요 트렌드로는 ▽콘텐츠 제작을 위한 생성형 AI의 등장 및 발전 ▽개인정보 보호를 위한 연합학습Federated Learning 채택 ▽설명 가능한 AI 개발 ▽엣지 AI 활성화 등을 꼽았다. 또 2단계(2025~2028년)는 ▽생성형 AI 고도화 ▽연합학습 고도화 ▽설명 가능한 AI의 고도화 ▽엣지 AI의 고도화 등에 초점을 맞췄으며, 3단계(2028~2030년)는 ▽인간 수준의 정교한 생성형 AI 등장 ▽광범위한 연합학습 채택 ▽전 산업 분야에 설명 가능한 AI 도입 ▽자율적이고 실시간 인텔리전스가 가능한 고급 엣지 AI 보편화 등으로 정리했다.*

　이렇듯 인공지능 기술은 국내외 연구개발의 대세 트렌드이다. 인공지능 산업과 시장도 빠르게 성장하고 있다. 인공지능과 그 기반이 되는 기술 분야 스타트업이 늘어났고, IPO를 통해 상장하는 기업도 많다. 인공지능 기술 주무 부처인 과학기술정보통신부에 따르면, 국내 인공지능 관련 산업 매출액은 2021년 2조 5,000억 원 규모에서 2022년 4조 2,000억 원, 2023년 5조 2,000억 원으로 계

---

*　임대준 기자, "2030년 AI 글로벌 시장 규모 1800조… 2023년 9배 달할 것", AI타임스, 2024.3.21

속 성장하고 있다. 인공지능 기업 수도 2021년 1,365개에서 2023년 2,354개로 빠르게 늘고 있다.* 여러 조사보고서와 통계 수치는 분명히 인공지능 시장의 성장세를 보여주고 있다.

점점 커지는 인공지능 산업계와 시장의 모습은 서로 치열한 경쟁을 벌이고 있는 점에서 중국 고대의 춘추진국시대를 떠오르게 한다. 지금으로부터 약 3,000년 전인 기원전 770년경 주나라가 견융의 공격을 받아 뤄양洛陽으로 천도한 동주 시대부터 진시황이 중국 최초로 전국을 통일한 기원전 221년까지를 '춘추전국시대'라고 부른다. 이 기간 춘추시대에는 진, 제, 오, 초, 월 등 춘추 5패가, 전국시대에는 진, 한, 위, 조, 연, 초, 제 등 전국 7웅이 할거했다. 난립한 나라들은 생존을 건 치열한 경쟁을 하면서 패권을 다투었다.

21세기 디지털 전환 시대에는 수없이 많은 ICT 기업이 계속 나타나고 있고, 이제 인공지능과 반도체 주도권을 둘러싸고 글로벌 빅테크 기업들이 각축전을 벌이고 있

---

* 이종현 기자, "과기정통부, 세계 6위 수준 한국 AI 경쟁력, 3위로 높이겠다", 디지털데일리, 2024.5.9

다. 가히 인공지능 춘추전국시대라 할 만하다. 이런 무한 경쟁이 벌어지고 있는 것은 국가의 생존과 미래 먹거리가 인공지능과 반도체 기술 주도권에 달려 있다고 믿기 때문이다. 미국은 중국과의 기술 패권 경쟁에서 우위를 차지하기 위해 일본, 한국, 대만 등을 묶어 반도체 동맹을 추진해왔다. 2022년 5월 당시 미국 대통령 바이든이 한국을 처음 방문했을 때 갓 취임한 윤석열 대통령과 경기도 평택의 삼성전자 반도체공장을 함께 방문해 한미 기술 동맹 강화를 발표한 것도 그 일환이다. 미국 주도의 반도체 동맹은 반도체 설계는 미국에서, 생산·제조는 대만과 한국에서, 부품·소재는 일본이 주도하는 글로벌 반도체 가치 사슬 체계를 만들겠다는 기술 동맹 전략이다. 앞서 살펴보았듯이, 인공지능 데이터 처리와 복잡한 계산을 담당하는 반도체는 인공지능 구동을 위한 필수적인 하드웨어이자 기반 기술이다. 따라서 미국 주도 반도체 동맹의 궁극적 지향점은 인공지능 기술에 있어서 우위를 점하는 것이라고 봐도 무방하다. 인공지능 기술을 둘러싼 춘추전국시대가 시작되면서 그 패권을 차지하기 위한 치열한 전쟁이 펼쳐지고 있는 셈이다.

현재의 인공지능 글로벌 패권 전쟁은 미국이 조금 앞선 가운데 미국과 중국의 양강 구도 속에서 진행되고 있다는 데에 대다수가 동의할 것이다. 그러나 인간 수준의 정교한 인공지능을 만들려면 아직도 가야 할 길이 멀고, 누가 핵심기술을 먼저 연구·개발, 그리고 상용화하느냐에 따라 경쟁의 새로운 국면은 언제든지 열릴 수 있다. 미국이 계속 선두 자리를 고수할지, 현재의 빅테크 기업이 계속 시장을 선점할지 누구도 장담할 수는 없다. 빠르게 변화하는 기술 트렌드와 원천 경쟁력을 확보하는 자에게 길이 열릴 것이다. 분명한 것은 국가, 기업, 개인 차원 모두에서 펼쳐지는 치열한 경쟁의 승자가 미래를 주도할 것이라는 사실이고, 누가 패권 그룹 안에 들어갈지 추이를 놓치지 말고 주목할 필요가 있다는 점이다.

인공지능과의 융합 시너지가
큰 분야를 찾아라

인공지능이 디지털 기술 중 가장 강력한 첨단기술이란 점은 앞에서 여러 차례 강조해왔다. 그렇다면 인공지능이 디지털 기술의 종착점이고 궁극의 기술일까. 인공지능 이후에 또 다른 강력한 디지털 기술이 나타날 가능성은 없을까. 이 문제에 대해 챗GPT와 클로드, 제미나이에게 각각 물어보았다. "미래에는 인공지능보다 더 강력한 디지털 기술이 나올 가능성이 있을까?"

챗GPT는 이에 대한 답으로 양자 컴퓨팅, 생체 컴퓨팅, 뉴로모픽 컴퓨팅, 강화된 인간-컴퓨터 상호작용 기술 등을 들었다. 이중 첫째, 양자 컴퓨팅Quantum Computing은 현재의 디지털 컴퓨터와는 다른 원리로 작동하며 복잡한 연산을 매우 빠르게 수행할 수 있고 특정 문제 해결에서 현재 컴퓨터를 능가하는 잠재력을 가지고 있다. 둘째, 생체 컴퓨팅Biological Computing은 DNA나 다른 생체 분자를 이용한 컴퓨터 기술로 실리콘 기반의 컴퓨터와 다른 방식으로 처리할 수 있으며, 이런 기술이 상용화되면 지금의 인공지능 성능을 능가할 수 있다. 셋째, 뉴로모픽 컴퓨팅 Neuromorphic Computing은 인간의 뇌를 모방한 컴퓨터 아키텍처로 인간의 두뇌 구조와 기능을 모방함으로써 자연스러운 정보처리 능력을 제공할 수 있다. 넷째, 강화된 인간-컴퓨터 상호작용Enhanced Human-Computer Interaction 기술은 증강현실, 가상현실, 뇌-컴퓨터 인터페이스* 등을 통해 인

---

* '뇌-컴퓨터 인터페이스(Brain-Computer Interface, BCI)' 기술은 뇌와 컴퓨터를 연결하여 정보를 주고받는 미래 기술을 의미한다, 뇌파 측정 등을 통해 컴퓨터가 인간의 생각이나 의도를 이해해 컴퓨터의 명령어로 전환할 수 있고, 이 기술이 발전하면 생각만으로 컴퓨터를 조작하고 정보를 검색하고 다른 사람과 소통하는 것이 가능해질 수도 있다. 물론 BCI 기술은 뇌를 직접 조작하는 기술이므로 윤리 문제가 제기될 수도 있고 뇌에 직접적 영향을 미치므로 안전성 이슈가 발생할 수도 있다. 과학 중에서 가장 복잡하면서 연구가 더딘 영역은 '우주'와 '인간의 뇌'이다. 과학자들은 "수백억 개의 별을 가진 우주는 이해하면서도 고작 1.4kg에 불과한 인간의 뇌는 아직도 알 수 없는 미지의 세계"라고 말한다. 과학이 발전해도 뇌에 대해서는 여전히 모르는 것이 많다. 따라서 뇌와 컴퓨터의 인터페이스 기술이 발전하고 상용화하는 것은 요원한 과제이며, 넘어야 할 산도 많다.

간과 디지털 시스템이 상호작용하는 방식을 혁신적으로 변화시킬 수 있다.

클로드는 이 질문에 대해 "매우 흥미로운 질문이다. 현재로서는 인공지능이 가장 강력하고 영향력 있는 디지털 기술로 여겨지고 있지만, 기술 발전 속도와 방향을 정확히 예측하기는 어렵다"라는 코멘트와 함께 양자 컴퓨팅, 뇌-컴퓨터 인터페이스, 나노기술, 완전히 새로운 개념의 기술 등장 가능성 등을 언급했다.

한편 구글 제미나이는 기술의 복합성으로 서로 융합돼 새로운 형태의 기술이 탄생할 수 있고 과거에는 상상할 수 없었던 새로운 기술들이 등장해 세상을 바꾸어왔으며, 인간의 창의성과 노력이 새로운 혁신 기술을 만들 수 있게 된다면 더 강력한 디지털 기술이 등장할 가능성도 있다고 답변했다. 구체적으로는 양자 컴퓨팅, 뇌-컴퓨터 인터페이스, 나노기술과 생명공학을 들었다.

챗GPT, 클로드, 제미나이가 공통으로 제시한 기술은 양자 컴퓨팅과 뇌-컴퓨터 인터페이스이다. 또 챗GPT와 제미나이는 현재의 인공지능보다 더 강력한 디지털 기술이 나올 가능성이 충분히 있다면서 새로운 기술 출현에

방점을 찍었지만, 클로드는 양자 컴퓨팅 등 새로운 디지털 기술도 결국 인공지능과 융합되거나 인공지능에 의해 강화될 가능성이 크다고 언급해 답변이 다소 엇갈렸다. 인공지능을 대체하기보다는 인공지능과 함께 발전할 가능성이 크다는 것이다.

인공지능 이후 과연 새로운 디지털 혁신 기술이 나타나 인공지능을 대체할 수 있을까. 인공지능보다 더 강력한 디지털 기술이 가능할까. 가능할 수도 있고 아닐 수도 있다. 기술 발명과 혁신은 우연히 또는 창발적으로 이루어지는 경우가 많으므로 지금 단계에서는 누구도 미래 가능성에 대해 단정적으로 확신할 수는 없다. 영국 SF 거장 아서 클라크Arthur Clarke는 "나이가 지긋한 저명한 과학자가 뭔가 가능하다고 주장하면 확실히 그의 말이 맞을 확률이 높지만, 그가 뭔가 불가능하리라 주장한다면 틀릴 가능성이 크다"라고 말했다. 지금 대부분의 전문가들이 불가능하다고 주장하는 것이 미래에는 가능할 수도 있다는 의미이다.

미국의 다큐멘터리 제작자이자 작가인 제임스 배럿 James Barrat은 인공지능은 '우리의(인간의) 마지막 발명품'

이라고 말하며 동명의 책*을 출간한 바 있다. 책 제목처럼, 인공지능의 탄생과 함께 인간의 시대가 끝나고, 가공의 위력을 가진 인공지능은 인간의 마지막 발명품이 될 가능성이 상당히 크다. 하지만 미래의 가능성에는 한계가 없다. 인공지능 기술이 범용 기술로 정착되는 가운데, 다양한 영역에서 다른·기술과 융합되면서 예기치 않은 혁신을 불러일으킬 가능성도 있다.

이런 맥락에서 2024년의 노벨 과학상이 시사하는 의미를 놓치면 안 된다. 2024년 노벨 과학상은 인공지능 연구자가 휩쓸었다고 해도 과언이 아니다. 10월 8일 발표된 노벨 물리학상은 인공지능 '머신 러닝'과 인공신경망 연구의 토대를 닦은 존 홉필드John Hopfield와 제프리 힌턴 Geoffrey Hinton에게 돌아갔다. 그 다음날 발표된 노벨 화학상을 거머쥔 수상자는 인공지능을 활용해 단백질 구조를 연구해온 3명의 과학자이다. 새로운 단백질을 만들 수 있는 인공지능 '로제타폴드RoseTTAFold'를 개발한 미국 워싱턴대의 데이비드 베이커David Baker 교수, 그리고 또 다른 단

---

* James Barrat, 《Our Final Invention: Artificial Intelligence and the End of Human Era》, Thomas Dunne Books, New York, 2013

백질 구조 예측·설계 인공지능인 '알파폴드AlphaFold'를 개발한 구글 딥마인드의 CEO 데미스 허사비스Demis Hassabis와 존 점퍼John Jumper 연구원이 공동수상자로 결정됐다.

다이너마이트를 발명한 알프레드 노벨Alfred Nobel의 유언으로 인류의 복지에 공헌한 사람이나 단체에 수여되는 노벨상은 생리의학, 물리학, 화학, 평화, 문학, 경제 등 6개 부문으로 나뉘어 있는데, 이중 과학계가 주목하는 3개 분야 과학상은 기초과학 이론 연구나 실험증명 업적에 대해 주어진다는 것이 관례였다. 하지만 2024년 물리학상과 화학상은 기초과학도 실험연구도 아닌 가상 세계 연구자와 컴퓨터공학 연구자에게 돌아감으로써 매우 파격적이었다.

특히 화학상은 연구와 개발이 이뤄진 지 4년밖에 되지 않아 과학계를 더 놀라게 했다. 통상적으로 십수 년 전 이뤄진 연구들이 그 성과를 인정받으며 노벨상을 받아온 통상적 사례와 달랐기 때문이다. 그야말로 '인공지능의 파워'를 방증하는 흐름이다.

이뿐만이 아니다. 노벨위원회가 밝힌 선정 배경을 들여다보면, 인공지능의 융합 시너지는 가히 '혁명적'이다.

노벨 화학상 수상자 3인은 정통 화학자가 아니지만, 인공지능으로 단백질 구조를 예측한 연구가 다양한 치료제와 소재 개발의 토대가 되고 있어, 인류의 난제 해결에 기여한 공로를 인정받았다. 그동안 단백질의 3차원 접힘 구조, 즉 단백질 폴딩protein folding 문제를 규명하는 것은 생명과학계의 도전과제였다. 이 구조가 인체의 가장 중요한 생체 분자인 단백질의 기능을 결정짓기 때문에 난치병과 유전병 치료는 물론 건강 문제 해결을 위해서는 꼭 알아야 하는 비밀의 열쇠와도 같기 때문이다. 그런데 이러한 인공지능 도구를 사용하면 전통적인 방식으로는 수개월에서 수년이 걸리던 단백질 구조 분석을 단 몇 시간 만에도 수행할 수 있어 단백질 연구의 획기적인 전환을 불러오고 있다. 실제로 백신 연구, 항생제 내성 연구, 신약 개발 등 다양한 의료 분야에서 활용되면서 생명과학의 발전에 크게 기여했다는 평가를 받아왔다.

이번 노벨상 수상은 인공지능이 실제 과학 연구의 혁신을 위해 어떻게 활용될 수 있는지를 입증한 것이기도 하다. 인공지능이 이론 차원을 넘어 실전에 적용되고 있으며, 소프트웨어나 애플리케이션 개발 수준이 아니라 과학 연구, 신약 개발, 바이오 헬스 등에 본격적으로 응용되기 시작했음을 의미한다. 이를테면, 의료와 바이오 헬스 산업 분야도 인공지능 기술의 발전과 도입으로 거대한 변화의 물결이 밀려올 수밖에 없으며, 인공지능과 생명공학이 만나는 AI 의료·바이오 분야가 주목해야 할 미래 유망 산업이라는 얘기이다. 인공지능 기술의 활용과 융합은 이제 선택의 문제가 아니다. '언제 전면화될 것인가'라는 시간의 문제일 뿐이며, 그 시간을 놓치지 말아야 함은 물론이다.

엔비디아의 CEO 젠슨 황은 2024년 1월 8일 열린 JP모건 헬스케어 콘퍼런스에 참석해 다음과 같이 말했다.

"15년 전 AI 컴퓨팅 혁명을 믿었던 사람은 극소수에 불과했죠. 오늘 결과는 여러분들이 보시는 대로입니다. 신약 개발에서도 똑같은 일이 벌어지고 있어요. AI를 활용한 생명공학 기술은 이제 전 세계에서 가장 유망한 산업 중 하나가 될 겁니다."[*]

그는 또한 2024년 2월 13일 아랍에미리트 두바이에

---

[*] 이희권 기자, "신의 영역 뛰어든 '1800조 사나이'…젠슨 황 '신약' 찍었다", 중앙일보, 2024.1.16

서 가진 대담에서는 "이제 아무도 프로그래밍을 할 필요가 없고 누구나 프로그래밍 언어를 사용할 수 있도록 하는 것이 우리의 일이다. 이제 세상의 모든 사람은 프로그래머가 되었다. 이것이 바로 인공지능의 기적이다"라고 말하기도 했다. 만약 다시 전공을 선택한다면 컴퓨터 공학이 아니라 '인간 생물학'일 거라면서 생물학과 엔지니어링은 결국 접목될 것이라는 견해도 덧붙였다.**

인공지능 기술이 생명공학 등 다른 분야에 응용된다면, 기존에 불가능해 보였던 바이오 난제를 풀 실마리를 찾을 수도 있을 것이다. 천하의 진시황도 불로장생의 꿈은 이루지 못했지만, 미래 어느 시점에는 인공지능을 활용한 바이오 공학 기술 덕분에 무병장수라는 인류 공통의 염원을 향해 성큼 큰 걸음을 내디딜 수 있을지도 모른다.

** SBS 뉴스 유튜브, https://youtu.be/0t8RovnvRsI?si=okvsREi7-3tAVY_v

4장

인공지능 시대,
앞설 것인가, 뒤처질 것인가?

가상 시나리오로 그려보는
2050년 하루 일상

인공지능이 고도로 발전해 우리의 일상이 되었을 때, 우리 삶은 어떻게 변하게 될까. 챗GPT에게 "2050년 철수라는 가상의 인물이 인공지능과 함께 살아가는 하루의 삶을 가상의 시나리오로 그려달라"고 주문했다. 단 몇 초 만에 거침없이 다음과 같은 시나리오를 제시해 주었다. 아침, 낮, 저녁, 밤 시간대별로 미래의 일상을 엿보면서 상상의 나래를 펼쳐보자.

아침~낮

06:30 철수가 아침에 깨어나자, 자동 침대가 부드럽게 그를 일으킨다. 침대 옆에 있는 AI 디스플레이 화면이 그의 수면 패턴을 분석한 후, 오늘의 기상 상황과 일정을 간략하게 전달한다. "철수님, 오늘은 맑고, 기온은 23도입니다. 건강 상태는 양호하며, 아침 운동을 추천합니다."

06:45 철수는 스마트 미러 앞에서 세수하고 이를 닦는다. 인공지능 기반의 건강 코치는 그의 몸 상태를 체크한다. 코치는 맞춤형 영양 정보와 운동 루틴을 제공하고, 오늘의 식단과 운동 계획을 제안한다. "오늘은 30분간 유산소 운동을 권장합니다. 에너지 수치가 좋습니다."

07:00 아침 식사 시간. 철수는 주방에 있는 스마트 주방기기를 통해 자동으로 조리된 건강식을 받는다. AI는 그의 식습관을 기록하고, 각 식사의 영양 성분을 분석해 그에게 맞춤형 조언을 제공한다. "오늘은 단백질 섭취가 충분하네요. 점심에는 신선한 채소를 추가하는 게 좋습니다."

08:00 철수는 자율주행 전기차를 타고 출근길에 오른다. 차량의 AI 시스템은 교통 상황을 실시간으로 분석해 최적의 경로를 안내하고, 이동 중에는 철수의 업무 일정과 필요한 정보를 음성으로 제공하며 조언해준다.

09:00 사무실에 도착한 철수는 AI 비서와 함께 작업을 시작한다. AI 비서는 이메일을 정리하고, 우선순위에 따라 업무를 분류하며, 회의에서 필요한 자료를 준비해준다. "오늘 오후 3시에 중요한 회의가 있습니다. 관련 자료와 데이터 분석을 완료했습니다."

12:00 점심시간. 철수는 AI 시스템이 추천하는 레스토랑을 방문하거나, 자택에서 직접 조리해온 식사를 즐긴다. AI는 그의 칼로리 섭취량과 건강 지표를 실시간으로 모니터링하며, 식사 후 활동에 대해 제안한다.

저녁

18:00 퇴근 후, 철수는 집에 돌아왔고, 인공지능 기

반의 홈 어시스턴트는 하루의 일정을 검토한다. AI는 집 안의 조명과 온도를 자동으로 조절하고, 오늘의 뉴스와 관심 있는 분야에서 업데이트한 정보를 제공한다.

19:00 저녁 시간. 철수는 스마트 주방에서 저녁 식사를 준비한다. AI가 조리법을 안내해 주고, 요리 과정에서 실시간으로 조리 상태를 체크하며, 맛을 조절하는 데 도움을 준다.

20:00 저녁 식사 후, 철수는 AI 추천에 따라 스트레스 해소를 위한 명상 세션을 진행하거나 취미 활동에 몰입한다. AI는 그날의 심리 상태를 분석하고, 적절한 휴식 방법을 제안한다.

밤

22:00 잠자기 전, 철수는 AI 기반의 수면 모니터링 장치를 착용한다. AI는 수면 패턴과 환경 요소를 분석해 맞춤형 수면 개선 팁을 제공한다. "오늘은 수면 환경이 좋

습니다. 차분한 음악을 추천합니다."

22:30 철수는 스마트 침대에 누워 인공지능이 제공하는 편안한 잠자리 환경과 이완 음악을 들으며 잠이 든다. AI는 그의 수면 상태를 모니터링하고 필요시에는 조절하여 최적의 수면 품질을 유지하도록 돕는다.

챗GPT가 그려준 이런 시나리오는 SF 영화에서나 본 듯한 데자뷔 같은 미래의 삶이다. 인공지능은 이렇게 하루 종일 나와 함께 하면서 내 행동과 주변 환경을 분석해 주고 필요한 정보를 찾아주며 그때그때 적절한 조언을 해 줄 것이다. 실제 펼쳐질 20~30년 후의 삶은 어쩌면 이보다 훨씬 편리하고 놀라울 수도 있다.

앞서 영국 SF 소설 거장이자 미래학자인 아서 클라크의 이야기를 언급한 바 있는데, 그것은 미래에 대한 3가지 법칙 중 하나이다. 그는 자신의 에세이집 《미래의 프로파일Profiles of the future》(1962)에서 다음과 같은 세 가지를 이야기했으며, 미래학자들은 훗날 이를 '미래학의 3대 법칙'

이라고 이름 붙였다.

첫째, 나이가 지긋한 저명한 과학자가 뭔가 가능하다고 주장하면 확실히 그의 말이 맞을 확률이 높다. 그러나 그가 뭔가 불가능하리라 주장한다면 틀릴 가능성이 크다.

둘째, 가능성의 한계를 알 수 있는 유일한 방법은 그 한계를 넘어 불가능할 때까지 도전해보는 수밖에 없다.

셋째, 충분히 진보된 과학은 마법magic과 구별할 수 없다.

클라크의 이야기처럼, 인공지능의 미래도 충분히 그럴 수 있다. 인공지능 전문가가 가능하다고 하는 것은 그렇게 될 가능성이 높고, 그가 불가능할 거라고 하는 것도 미래에는 가능할 수 있을지 모른다. 또 어마어마한 능력과 잠재력을 가지고 있는 인공지능의 한계가 어디까지일지 알려면 불가능할 때까지 부딪쳐보고 실험하고 도전해보는 수밖에 없다. 나아가 인공지능이 고도로 발전하면, 기술은 마법과 구분할 수 없을 정도가 될 것이다. 인공지능이 여는 미래 가능성은 우리의 상상을 뛰어넘을 수 있다는 얘기이다.

사용자에 따라 달라지는
인공지능의 성능과 우리의 삶

프랑스 철학자 블레즈 파스칼Blaise Pascal은 "인간은 자연에서 가장 나약한 갈대에 불과하지만, 생각하는 갈대"라고 말했다. 생각하고 탐구하는 능력 덕분에 육체적으로는 나약하지만, 인간은 지식과 과학을 발전시킬 수 있었고 우주 만물의 영장이 될 수 있었다. 인류가 오랜 역사에 걸쳐 고도의 물질문명과 정신문화를 이루는 데 있어서 지식은 결정적인 역할을 했다.

1999년 당시 정부는 새로운 밀레니엄을 맞아 이른바 '신지식인'을 선발했다. 신지식인은 학력이나 스펙에 관계없이 창의적이고 진취적인 발상으로 지식의 활용 가치를 창출하는 인재를 의미했다. 인재상人材像은 시대 변화와 사회적 수요에 따라 변화하기 마련이다. 20세기 끝자락에 나온 신지식인은 산업화 시대의 인재와는 다르며, 이는 지식정보사회의 니즈에 부응하는 새로운 인재상이었을 것이다.

그로부터 한 세대가 지난 오늘날의 인재상은 또 다를 것이다. 가장 중요한 변화의 동인은 단연 인공지능이다. 인공지능은 게임 체인저로 부상했고, 지식 생성과 활용, 학습에 있어서 강력한 조력자이자 불가결한 도구가 되고 있다. 인공지능은 가장 강력하고 지능적인 도구이지만, 어떻게 사용하느냐에 따라 그 결과물은 천차만별이다. 같은 도구를 사용한다고 같은 결과를 얻는 건 아니다. 도구의 성능은 사용자 능력에 달려 있다. 인공지능을 잘 알고 제대로 활용하는 능력은 미래 인재가 반드시 갖춰야 할 경쟁력 중 하나이다.

인류사회는 오랫동안 경쟁 사회였고 지금도 그러하다. 세상이 변화하더라도 경쟁이 사라지지는 않을 것이다. 국제사회에서도 마찬가지이다. 국제정치학자 수잔 스트레인지Susan Strange는 국제정치에서의 국가의 구조적 힘 structural power으로 안보력, 생산력, 재정, 지식 등 넷을 꼽았다. 러시아-우크라이나, 그리고 이스라엘과 하마스, 헤즈볼라 등과의 전쟁에서 확인할 수 있듯이 국가를 스스로 지킬 수 있는 안보 능력은 절대 필요하며, 생산력이나 재정 능력 또한 자본주의 국제 질서에서 국가경쟁력의 핵심 요소이다. 그런데 스트레인지가 제일 중요하다고 강조한 건 바로 지식이었다. 왜냐면 지식을 갖고 있으면 안보를 어떻게 지킬지, 어떻게 생산하고 어떻게 돈을 벌지 알 수 있기 때문이다.

지식의 중요성은 아무리 강조해도 지나치지 않다. 일찍이 영국의 경험주의 철학자 베이컨은 "지식이 힘"이라고 말했고, 미래학자 토플러는 "정보와 지식이야말로 혁명적 부의 원천"이라고 선언했다. 데이터를 기반으로 정보와 지식을 창출하고, 이로부터 지능과 지혜를 얻는 것은 인간의 지적 활동이다.

앨빈 토플러가 강조한 혁명적 부의 기반은 지식이다. 지식은 데이터나 정보를 기반으로 하지만, 별개의 방식으로 부의 원천이 된다. 토플러는 데이터, 정보, 지식의 차이를 다음과 같이 설명한다.

"데이터는 흔히 문맥이 없는 분리된 항목으로 설명된다. 예를 들어 '300주'는 하나의 데이터이다. 이 데이터가 '우리는 X제약의 주식을 300주 가지고 있다'는 식으로 문맥 사이에 위치하면 이것은 정보가 된다. 그리고 이런 정보가 더 포괄적이고 고차원적인 패턴으로 배열되어 다른 패턴과 연결될 때 비로소 지식이라 부를 만하다. 예를 들면 '우리가 가지고 있는 X제약의 주가가 2포인트 올랐으나 총액이 얼마 안 되며, 연방정부가 이자율을 높일 가능성이 있다'라는 식으로 말이다."*

산업화 시대의 가장 중요한 자원은 석유였고, 디지털 시대에는 데이터가 21세기의 석유라고 말한다. 데이터와 정보를 기반으로 하는 지식은 무형의 석유이자 고부가가치 창출의 원천이다. 지식은 미래의 석유라고 불리지만, 지식은 석유와는 근본적으로 다른 강점이 있다. 토플러는 "석유와 지식의 근본적인 차이점은 무엇보다 석유는 쓸수록 줄어들지만, 지식은 사용할수록 더 많이 창조되는 것"**이라며, 부의

---

* 앨빈 토플러·하이디 토플러, 《앨빈 토플러, 부의 미래》, 청림출판. 2006, 154쪽
** 앨빈 토플러·하이디 토플러, 앞의 책, 160쪽

시스템을 이해하려면 지식의 이점을 알아야 한다고 강조한다. 토플러가 설명하는 지식의 이점은 다음과 같다.

첫째, 지식은 원래 비경쟁적이다. 수백만 명이 사용해도 감소하지 않으며 수백만 명이 똑같은 지식을 사용할 수 있고, 사용자가 많을수록 더 많은 지식을 생성할 가능성이 커진다. 둘째, 지식은 형태가 없다. 만질 수 없지만, 조종할 수는 있다. 셋째, 지식은 직선적이지 않다. 작은 통찰력이 거대한 산출을 낳을 수 있다. 넷째, 지식은 관계적이다. 개별 지식은 문맥과 연결돼야 의미를 얻는다. 다섯째, 지식은 다른 지식과 어우러진다. 지식이 많을수록 혼합이 가능하고, 쓸모 있는 결합이 이루어진다. 여섯째, 지식은 어떤 상품보다도 이동이 편리하다. 0과 1이라는 데이터로 변환하면, 동시에 많은 사람에게 무료로 유통할 수 있다. 일곱째, 지식은 상징이나 추상적 개념으로 압축할 수 있다. 여덟째, 지식은 점점 더 작은 공간에 저장할 수 있다. 아홉째, 지식은 명시적일 수도 있고 암묵적일 수도 있다. 열 번째, 지식은 밀봉하기 어렵고 퍼져나간다.[***]

[***] 앨빈 토플러·하이디 토플러, 앞의 책, 155~156쪽

지식에 대한 토플러의 통찰은 지식기반사회의 본질을 꿰뚫고 있다. 이런 통찰을 근거로 토플러는 혁명적 부의 심층 기반으로 시간, 공간, 지식의 근본적 변화 등 세 가지를 들고 있다. 지식은 데이터와 정보의 덩어리이지만 단순한 합이 아니며, 새로운 가치를 만들어낸다. 또 디지털 시대는 곧 데이터 사회이므로 지식의 이점들이 발현되기에 최적의 환경이다. 따라서 데이터, 정보, 지식 학습을 기반으로 지식의 가치를 높이는 디지털 도구인 인공지능은 강력한 혁신 도구가 될 수 있다.

　　한편, 토플러는 화폐경제에 포함되지 않는 프로슈머, 프로슈밍의 가치에 주목해야 한다고 강조했다. 앨빈 토플러가 제시한 프로슈머의 개념을 확장해 보면, 인공지능을 활용해 지식 가치를 높이는 사람 역시 프로슈머라고 볼 수 있다. 빅블러 시대에는 경계가 흐려지며, 생산과 소비의 경계 또한 점점 흐릿해진다. 과거에는 생산과 소비가 명확히 구분되었지만, 인공지능 시대에는 이런 경계가 무너진다. 이제는 누구나 인공지능 도구를 활용해 새로운 지식을 생산하고 공유할 수 있다.

　　인공지능 시대에는 지식의 공동 창조도 가능하다. 인

공지능은 단순히 정보를 제공하는 도구가 아니라 인간과 함께 새로운 지식을 창조하는 협력자 역할을 한다. 인공지능과 사람이 함께 지식을 생산하고 발전시키는 과정은 프로슈머 개념과 일맥상통한다. 인공지능을 활용해 지식 가치를 높이는 것은 정보 소비를 넘어 새로운 가치를 창출하는 행위이기도 하다. 이는 프로슈머가 추구하는 핵심 가치와 일치한다. 따라서 인공지능을 활용해 지식을 생산하고 공유하는 사람들은 단순 소비자가 아니라 새로운 지식 생태계를 만드는 프로슈머라 할 수 있다.

오늘날 우리는 스마트폰을 신체 일부처럼 언제 어디서나 휴대하고 다니는 '포노 사피엔스Phono Sapiens'이기도 하다. 《포노 사피엔스》의 저자 최재붕 교수는 인류는 '5장 6부'가 아닌 '5장 7부'로 살고 있는데, 간 밑에 쓸개, 쓸개 밑에 인공장기 스마트폰이 있다고 재치 있게 말한다.[*] 2007년 최초의 스마트폰인 아이폰을 공개하면서 스티브 잡스는 이 혁신적 제품은 아이팟iPod과 전화Phone와 인터넷Internet을 합친 것이라고 설명했다. 이제 필수품이 된 스

---

[*] 최재붕, 《포노 사피엔스: 스마트폰이 낳은 신인류》, 쌤앤파커스, 2019

마트폰의 핵심은 바로 '애플리케이션(앱)'에 있다. 앱은 스마트폰에서 사용하는 다양한 기능이나 서비스를 제공하는 프로그램을 말하며, 다양한 앱을 통해 우리는 SNS로 소통하고 게임을 즐기고, 온라인 쇼핑, 은행 업무 또는 외국어 공부도 할 수 있다. 한마디로 우리의 삶을 편리하게 해주고 업무와 소통의 효율성을 높여주는 도구이다. 챗GPT 등 생성형 인공지능도 일종의 애플리케이션이라고 할 수 있다. 인공지능 시대에는 업무와 생활에서 어떤 인공지능 앱을 어떻게 활용하느냐에 따라 우리의 삶이 달라질 것이다.

AI를 활용하는
프롬프트 엔지니어링이 중요한 이유

　똑똑한 인공지능 덕분에 이제 우리는 짧은 시간에 방대한 데이터를 분석해 최적의 해결책과 지식정보를 찾아낼 수 있다. AI와 상호작용하고 협력해 지식을 창출하고 문제를 해결하는 능력을 갖춘 현대인을 '호모 프롬프트'라고 부른다. 이를테면 AI를 지식 도구로 활용해 혁신을 이끄는 신지식인이며, 토플러 식으로 표현하면 '지식의 프로슈머'라고 할 수 있다.

　이에 대한 시대적 관심은 트렌드 보고서에서도 확인할 수 있다. 경제연구소나 신용카드 회사가 데이터를 기반으로 미래 트렌드를 분석해 보고서로 출간하기도 하고, 미래학자나 미래 연구 전문기관에서 트렌드 예측 단행본을 내놓기도 한다. 우리나라에서 많이 읽히는 트렌드 보고서 가운데 하나는 김난도 교수가 이끄는 서울대 소비트렌드분석센터의 연례 보고서일 것이다. 그 보고서 시리즈인 《트렌드 코리아 2024》*가 꼽은 10대 트렌드는 다음과 같다. 1) 분초 사회, 2) 호모 프롬프트, 3) 육각형 인간, 4) 버라이어티 가격 전략, 5) 도파밍, 6) 요즘 남편, 없던 아빠, 7) 스핀오프 프로젝트, 8) 디토 소비, 9) 리퀴드 폴리탄, 10) 돌봄 경제 등이다. 정치, 경제, 사회, 문화 등 모든 분야를 다루는 트렌드에 호모 프롬프트가 포함된 것만 보더라도, 인공지능이 소비 트렌드에도 지대한 영향을 미치고 있음을 확인할 수 있다. 이 보고서의 두 번째 트렌드로 선정된 호모 프롬프트에 대한 설명을 보면, '인간이 어떤 질문을 하느냐에 따라 AI가 내놓은 결과물이 달라진다'라고 되어 있다.

인간을 의미하는 호모Homo와 사용자의 명령어나 지

---

* 김난도 외, 《트렌드 코리아 2024》, 미래의 창, 2023

시를 의미하는 프롬프트Promptus의 합성어인 호모 프롬프트Homo Promptus는 단순히 AI를 도구로 사용할 줄 아는 인간이 아니라 AI를 지식 파트너로 활용해 소통, 협업하면서 창의적 결과물을 생성하고 지식의 가치를 높이는 사람이다. 뻔한 질문으로 뻔한 답변을 얻는 것이 아니라 적절한 질문을 하고 추가 질문이나 보충 질문으로 필요한 정보와 지식을 도출해낼 수 있어야 한다. 이 때문에 AI에게 효과적으로 질문해 유용한 답변을 얻는 과정, 즉 '프롬프트 엔지니어링Prompt Engineering'이 점점 더 중요해지고 있다.

프롬프트는 AI에게 주는 질문이나 명령어를 말하며, 프롬프트 엔지니어링은 'AI에게 명확하고 효과적인 지시를 내려 최적의 결과를 얻어내는 스킬'을 의미한다. 구글 제미나이는 이를 '숙련된 요리사가 재료와 조리법을 조합하여 맛있는 음식을 만들어내는 것'에 비유한다. 같은 재료와 도구를 사용해도 요리사의 숙련도나 노하우에 따라 음식 맛이 달라지듯이 같은 생성형 AI를 사용하더라도 사용자 노하우나 프롬프트 엔지니어링의 질에 따라 완전히 다른 답변이 나올 수 있다. '사과에 대한 정보를 알려줘'라는 단순한 프롬프트보다는 '사과의 칼로리와 성분, 그리고 건강에 좋은 점을 간략하게 설명해줘'라고 구체적으로 지시하면 훨씬 더 유용한 정보를 얻을 수 있다. 한번 질문하고 끝내기보다는 추가로 보충 질문을 하면 더 좋은 정보를 끌어낼 수 있다.

한국어로 질문하는 경우, 한국어의 미묘한 뉘앙스 때문에 잘못 알아듣고 엉뚱한 답변을 하는 경우도 왕왕 있다. 이 책을 쓰면서 인공지능에게 "일상에서 인공지능을 활용해 사용하는 미래의 모습을 상상해서 그려줘"라고 요청했더니, "언어로 지원되는 이미지 생성기능을 개선하기 위해 노력 중이다. 이 기능은 곧 준비되며 사용이 가능해지는 대로 출시 노트를 업데이트해 드리겠다"라는 엉뚱한 답변을 내놓아 실소를 참지 못했던 적도 있다. "그려달라"는 말을 "묘사해 줘"라고 바꿔 다시 요청한 뒤에야 비로소 제대로 된 답변을 얻을 수 있었다.

챗GPT가 출시된 후, 생성형 인공지능 활용 방법을 다룬 책들도 쏟아져 나오고 있다. 챗GPT 사용설명서, 활용법, AI 변호사 챗GPT, 챗GPT 역사 수업, 챗GPT 교실 수업, 챗GPT 파이선, 챗GPT 주식 자동 매매 등 종류도 다양한데, 그만큼 활용도가 높다는 이야기일 것이다. 온라인 서점 알라딘에서 챗GPT로 검색하면, 2024년 8월 23일 기준으로 2,012권이나 나온다. 인공지능 연구자인 카이스트 김대식 교수는 2023년 챗GPT와 영어로 대화하며 주고받은 문답을 정리해 《챗GPT에게 묻는 인류의 미래》란 책을 출간하기도 했다.* 사랑, 정의, 행복, 신, 죽음, 인류의 미래 등 다양한 주제로 주고받은 대화를 싣고 있다. 저자는 김대식, 챗GPT라고 되어 있고, 책 앞부분의 일러두기에는 "이 단행본에 실린 대화 콘텐츠는 오픈AI의 이용약관에 따라 생성자인 저자에게 저작권이 있다"라는 안내 사항이 적혀 있다.

그런가하면 챗GPT가 돌풍을 일으키자, 2023년 3월 블룸버그 통신은 '프롬프트 엔지니어'는 AI가 최고의 결과물을 도출하는 데 필요한 프롬프트를 작성하고 AI 관련 인력을 훈련하는 등의 일을 한다며 연봉 33만 5,000달러(약 4억 4,000만 원)의 고액을 받을 수 있는 유망 신직업이라고 소개했다. 또 AI 컨설팅 회사 무다노의 프롬프트 엔지니어 앨버트 펠프스는 'AI wisperer(조련사)'라고 명명

---

* 김대식·챗GPT, 《챗GPT에게 묻는 인류의 미래》, 동아시아, 2023

하기도 했다.*

인공지능은 방대한 데이터를 학습해 질문이나 요청에 맞는 적절한 답변을 할 수 있는 능력이 뛰어나다. 답변하는 능력에 있어서는 인간이 인공지능을 따라갈 수 없을 것이다. 하지만 인공지능이 내놓는 답변이 올바른지, 오류나 문제점은 없는지를 판별하는 것은 사람의 몫이다. 인공지능이 내놓은 답변의 질을 판단하려면 인간도 어느 정도 지식을 갖추어야 하고, 정보 판별 능력이 있어야 한다. AI에게 정보, 지식 활동의 상당 부분을 아웃소싱하더라도 인간의 역할은 여전히 중요하다. 의료 AI가 의료 데이터나 MRI 사진을 분석해 의학적 소견을 제시하더라도 그 수용 여부를 결정하고 최종 판단을 내리는 주체는 인간 의사여야 하며, 법률 AI가 법리검토와 판단을 아무리 잘해도 최종적인 결정은 인간 판사가 내려야 한다.

인공지능을 잘 다룰 줄 아는 호모 프롬프트는 AI가 제공하는 정보가 오류나 윤리 문제를 포함할 수 있다는 인식을 갖고 비판적으로 수용해야 한다. 여러 종류의 인공

---

* 임상수 기자, "생성형 AI 붐에 새 직업 '프롬프트 엔지니어' 뜬다 …연봉 4억대", 연합뉴스, 2023.3.30

지능 앱으로 답변을 비교하며 교차 검증도 하고, 정확한 근거를 찾아 확인도 해야 한다. 또 제시된 답변으로부터 새로운 아이디어나 인사이트를 도출할 수도 있어야 할 것이다.

현재 사용되는 생성형 인공지능은 기술적으로 놀라운 발전을 이루었고, 기능 또한 대체로 훌륭하다. 하지만 여전히 문제점이 존재하는 것도 사실이다. 환각hallucination 현상은 그중의 하나이다. 실제 존재하지 않는 정보나 지식을 사실처럼 그럴듯하게 생성해 제시하는 것을 말한다. 생성형 인공지능은 답변 과정에서 실제로 일어나지 않은 사실을 실제처럼 지어내거나 페이크 기사로 작성할 수 있는데, 그럴 경우, 가짜 뉴스는 사회적 혼란을 가져올 수 있다. 존재하지 않는 인물을 만들어내고, 허구적 인물을 실존 인물처럼 착각하게 만들 수도 있다.

또 인공지능의 편향성 문제도 계속 지적된다. 이는 인공지능 학습데이터에 포함된 편견이나 차별의식이 반영되는 경우인데, 데이터가 워낙 방대해 일일이 걸러낼 수 없는 한계 때문이다. 그리고 저작권과 윤리 문제도 풀어야 할 과제이다. 기존 창작물을 무단으로 사용해 새로운 콘텐츠를 생성함으로써 저작권을 침해할 수 있고, 실존 인물의 얼굴이나 목소리를 합성해 가짜 영상(딥페이크)을 만들 수 있기 때문에 악용될 소지가 많다. 그밖에도 인공지능의 알고리즘이나 모델 작동방식이 복잡해 어떤 근거로 특정 결과를 도출했는지 파악하기 어렵다는 것도 문제점으로 지적된다. 이러한 문제점과 한계를 명확히 인식하면서 인공지능의 오류와 오남용을 줄이는 것도 프롬프트 엔지니어링의 역할이라고 할 수 있다.

그러나 많은 한계점에도 불구하고, 인공지능의 편익은 워낙 뛰어나다. 문제점과 오류도 빠르게 수정·개선되고 있기 때문에 생성형 AI의 사용은 점점 느는 추세이다. 마이크로소프트와 자회사 링크드인*의 2024년 업무 트렌드 최신 보고서**를 보면, 이미 글로벌 지식근로자global knowledge workers의 75%가 생성형 AI를 업무에 사용하고 있다고 한다. 생성형 AI 기술 발전과 함께 호모 사피엔스는

---

* 링크드인(LinkedIn)은 미국의 비즈니스 기반 소셜 네트워크 서비스 기업으로 2002년 설립돼 직업전문인 인맥(professional network) 서비스를 제공하고 있으며 마이크로소프트에 인수돼 자회사로 운영되고 있다. 세계 200여 국에서 5억 명 이상이 사용하는 영향력 있는 소셜 네트워크로 마이크로소프트 왕국의 생태계에 편입되어있는 기업이다.
** Microsoft and LinkedIn, 2024 Work Trend Index Annual Report, 2024.5.8

이제 호모 프롬프트로 바뀌는 중이다. 그러나 모든 호모 프롬프트는 호모 사피엔스이지만, 모든 호모 사피엔스가 저절로 호모 프롬프트가 되는 건 아니다.

한편 인공지능 시대에는 문화자본에 대해서도 주목할 필요가 있다. 원래 자본은 경제적 개념이지만, 20세기 최고 석학으로 손꼽히는 프랑스 사회학자 피에르 부르디외Pierre Bourdieu는 자본 개념을 확대해 문화자본이라는 새로운 개념을 제안했다. 부르디외가 강조했던 문화자본은 다음의 세 가지이다.

첫째는 경험이나 학습을 통해 얻어지는 '체화된 문화자본'으로 지식, 기술, 취향, 인사이트 등을 가리킨다. 둘째는 보유, 소장, 수집하고 있는 미술품, 골동품 등을 가리키는 '객체화된 문화자본'이다. 셋째는 학위, 자격증 등 사회적으로 공인된 '제도화된 문화자본'이다. 이 셋 중 가장 중요한 것은 체화된 문화자본이다. 도구나 미디어를 활용하고 다루는 능력은 늘 몸에 지니고 다니는 체화된 문화자본이다. 컴퓨터를 잘 다루고 소프트웨어를 잘 사용하는 능력, 컴퓨터 언어를 알고 코딩을 잘하는 능력, 새로운 스마트 디바이스나 디지털 기기, 인공지능을 빨리 익혀 사용할 줄 아는 능력 등도 모두 체화된 문화자본에 속한다.

인공지능 시대의 인공지능은 더 편리한 삶을 위해 배우고 익히는 차원이 아니라 인공지능 활용 역량 자체가 생존 기술이자 경쟁력이 될 수 있다. 생성형 인공지능은 뛰어난 디지털 도구이지만, 사용자에 따라 결과가 달라진다. 질문, 지시어, 명령어를 적절하게 구성해 최적의 답을 얻는 '프롬프트 엔지니어링'이 중요한 것은 이 때문이다. 인공지능 시대에는 프롬프트 엔진니어링과 같이 AI와 관련된 지식, 경험, 능력 등 체화된 문화자본이 더 중요해질 것이다.

프롬프트 엔지니어링을 직업적으로 하는 사람을 프롬프트 엔지니어라고 하는데, 그렇다면 이들은 구체적으로 어떤 일을 하는 걸까. 현재 유망직업으로 부상하고 있지만 업무영역이 정확하게 정해져 있지는 않다. 또 앞으로 업무의 영역이 확장될 수도 있다. 이들이 하는 일은 대체로 다음과 같다.

우선, 인공지능을 활용해 어떤 일을 하고 어떤 결과를 도출할지 등 업무에 대해 명확히 이해하는 일이다. 다음은 프롬프트 작성으로, 가장 중요한 부분이다. 최적의 답,

최적의 아이디어를 도출하기 위해 전문적인 프롬프트를 작성하는 일이다. 작성된 프롬프트를 조정·가공하고 오류를 최소화하고 최적화하는 일도 중요하다. 그밖에 사용하는 AI 모델을 가공하고 생성된 결과물을 세련되게 정제하고 지속적으로 개선하는 등의 일을 한다. 이런 업무를 잘하려면, 고도의 디지털 역량과 AI 역량이 필요하다.

미래 기술은 미래 산업을 창출하고, 미래 산업은 미래 직업의 수요를 창출한다. 이런 수요에 걸맞은 역량을 갖춘 사람이 미래의 인재이다. 요컨대 디지털 전환, 인공지능 시대의 인재는 '체화된 AI 문화자본을 지닌 인재'라고 할 수 있다.

로봇공학과 인공지능 기술 발전으로 인간의 일자리가 위협을 받고 대량 실업 우려가 커지고 있지만, 이런 위기는 특정 분야 인재에게는 오히려 기회가 되기도 한다. 로봇공학자, 빅데이터 분석가, 인공지능 개발자, 프롬프트 엔지니어 등의 직업은 미래에 수요가 늘어날 수밖에 없으며, 각광 받는 고소득 직업이 될 가능성이 크다.

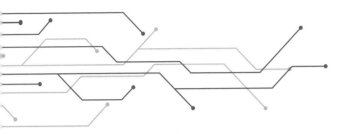

생각을 나누고 합하다,
AI를 도구로 삼아 공부하고 일하는 문화

　　인간은 도구를 사용하는 지혜로운 동물이다. 어떤 도구를 어떻게 사용하느냐는 한 시대를 보여주는 가장 중요한 특징이다. 인공지능이라는 도구를 사용하면 삶의 방식이 달라진다. 업무나 소통방식은 물론이고 학습·공부 방식도 달라질 수밖에 없다. 인공지능을 일상적으로 사용하게 되면 공부하는 방법은 어떻게 바뀔까. 이에 앞서 산업화 시대의 전통적인 공부법을 떠올려보자.

　　초등학교 시절, 필자는 학교에서 배운 내용이나 암기해야 할 사항을 연습장 종이가 새까맣게 될 때까지 빼곡히 적으면서 외우곤 했다. 일명 '깜지' 학습법. 예전에는 대다수 학생이 이런 식으로 공부했고, 암기과목의 경우 반복 학습보다 더 나은 방법은 없었다. 1990년대 말 인터넷이 확산되기 전까지만 해도 공부하는 학생들은 도서관에 주로 갔다. 도서관에서 책을 찾아보고 꼭 필요한 책은 서점에서 구입하고, 책값을 아끼려고 무단 복사(?)도 불사했다. 다리품 팔아 자료를 많이 찾고 모으는 것은 그 시절의 학습 경쟁력이었다. 하지만 이제 이런 방법으로 공부하는 학생은 찾아보기가 힘들 것이다. 모든 학습자료는 온라인 검색이 가능하고 파일로 다운받을 수 있다. 패드나 스마트폰 앱에서 클릭하고 터치펜으로 쓰면서도 학습할 수 있다. 세상이 완전히 바뀌었다.

특히 지금은 인공지능이 우리 삶 속으로 점점 더 들어오고 있다. 스마트폰에도 인공지능이 탑재돼 있다. 매일 아침 일어나면 우리는 AI 스피커에게 날씨를 물어보고 그날 기분에 따라 좋아하는 음악을 신청해 듣기도 한다. 챗GPT, 제미나이, 클로드, 미스트랄, 클로바X 등 손쉽게 쓸 수 있는 생성형 AI 애플리케이션들이 쏟아져 나오고 있다. AI 앱을 활용하면 자기주도 학습도 가능하다. 공부해야 할 내용을 정리해서 AI에게 물어보면, 일목요연하게 정리해준다. 궁금한 점이나 미비한 점은 다시 물어보고, 그래도 이해가 안 되면 보충 질문을 하면 된다. 소위 '프롬프트 엔지니어링'을 하면서 공부할 수 있다.

세계에서 가장 학구열이 높은 민족으로 알려진 유대인은 '하브루타'라는 전통적인 학습법을 가지고 있다. 하브루타는 짝을 지어 서로 질문하고 답하며 토론하는 방식이다. 히브리어로 '우정' 또는 '동료'를 뜻하는 하브루타는 단순히 지식을 전달하고 얻는 것을 넘어 능동적·비판적 사고를 길러주는 데 중점을 두고 있다. 요컨대 하브루타는 일방적 강의나 지식 전달이 아니라 짝을 이루어 질문하고 답하고 서로의 생각을 교환하는 쌍방향 학습법이다. 수동적으로 내용을 듣고 습득하는 것이 아니라 스스로 질문을 만들고 답변하는 자기주도적 방식으로 학습한다. 정해진 답변을 찾는 것이 아니라 다양한 가능성을 열어두고 창의적 해결방안을 모색하고, 질의·응답·토론을 통해 타인의 의견을 경청하며, 이를 통해 자신의 의견을 명확하게 표현하는 능력을 기를 수 있다. 또 다양한 의견과 답변을 수용하고 비교하며 논리력과 비판적 사고력도 키울 수 있다.

미래의 학습법은 아마도 하브루타 방식에서 동료를 인공지능으로 대체해 학습한다고 생각하면 될 것이다. 지식의 빅데이터를 장착한 인공지능은 똑똑한 학습 동료 또는 뛰어난 튜터 역할을 할 수 있기 때문이다. 물론 인공지능을 유용하고 효율적으로 활용하기 위해서는 현재의 인공지능이 지닌 한계와 단점에 대해서도 항상 염두에 둬야 할 것이다. 챗GPT 역시 인공지능의 한계를 분명히 지적하면서 "AI는 학습의 보조도구일 뿐 최종적인 학습의 책임은 학습자에게 있다"라는 말을 강조한다. 도구는 아무리 우수해도 도구일 뿐이며, 최종적인 판단과 책임은 인간에게 있음은 분명하다.

한편, 엔비디아 CEO 젠슨 황이 매일 사용한다는 AI 앱 퍼플렉시티는 인도 출신 젊은 공학자 아라빈드 스리니바스Aravind Srinivas가 2022년에 창업한 스타트업이다. 그는 실리콘밸리에 있는 버클리 대학에서 인공지능 관련 박사학위를 취득하고 오픈AI, 구글 딥마인드 등 인공지능 기업의 인턴을 거친 후 자신의 꿈을 실현하고자 창업했다. 그는 "퍼플렉시티는 검색엔진이 아니라 답변 엔진이다. AI가 생성한 답변이 얼마나 많이 인용되느냐가 중요해지고, 많이 인용되는 웹사이트는 권위를 갖게 될 것이다"라고 강조한다.* 기존 인공지능 앱의 경우 유용하고 훌륭한 정보와 지식을 정리해 제시해 주지만, 출처를 제대로 제시하지 않거나 때로는 없는 이야기를 지어내 말하는 환각 현상이 있다. 그러나 퍼플렉시티는 출처를 분명히 제시하고 링크를 걸어주기에 답변 신뢰도가 높고 연구나 학습에 훨씬 유용해 보인다.

이런 기능들은 다른 애플리케이션들도 금방 보완해 갈 것이다. 각각의 인공지능 앱들이 서로 벤치마킹하면서 단점을 보완하고 개선하는 과정을 거치면, 머지않아 인공지능 앱들의 수준은 전반적으로 엄청나게 업그레이드될 것이다. 구글 검색에서 정보를 얻는 시절은 가고, 인공지능으로 검색하고 출처를 찾는 시대가 열릴 것이다. 아마 미래의 인공지능 앱은 교과서, 참고서, 백과사전, 교사, 과외 교사의 역할을 한꺼번에 할 수 있을 것이다.

업무도 마찬가지이다. 앞서 글로벌 지식근로자의 75%가 생성형 AI를 업무에 사용한다고 했는데, 실제 인공

---

* The Milk 뉴스레터, 2024.8.15

지능 툴을 사용하는 회사원은 늘어날 수밖에 없다. 마이크로소프트는 인공지능 기반 협업 툴 '코파일럿Copilot'을 출시했는데, 코파일럿 프로 버전은 월 20달러의 유료 서비스임에도 이용자가 적지 않다. 코파일럿을 이용하면 복잡한 공식이나 코드 작성 없이도 프롬프트를 통해 작업할 수 있다. 예를 들어 "이 데이터를 바탕으로 차트를 만들어 줘!"라고 말하면 코파일럿이 알아서 처리해주고 문서 초안 작성, 문장 교열이나 수정 등 문서 작업 전반을 도와준다. 프로그래밍 언어를 모르더라도 코파일럿을 활용해 코드를 생성하거나 기존 코드를 수정할 수 있다. 또 많은 양의 정보를 빠르게 검색해주고 핵심 내용을 요약해주기도 한다. 이런 인공지능 협업 툴은 앞으로 다양한 용도와 버전으로 출시될 것이다. 지금 엑셀이나 파워포인트를 유료로 구입해 사용하듯, 머지않아 많은 회사원이 유료 인공지능 업무 애플리케이션을 사용하게 될 것이다. 지금 스마트폰 요금, 데이터 사용료, 웹 클라우드 사용료 등이 적지 않듯이, 앞으로 인공지능 시대에는 각종 인공지능 앱 월 구독료 지출 비중이 만만치 않을 것이다.

최근 통신회사 SK텔레콤의 TV 광고를 예로 들어보

자. 새로 창업한 친구 회사를 방문했는데, 사무실에 떡하니 'AI 기술 없이도 AI 회사가 되자'라는 사훈이 담긴 액자가 걸려있는 장면이 나온다. "새로 시작한 회사라 할 일이 많겠다"라고 걱정스럽게 말하자, 돌아오는 답변은 의외였다. "우린 야근 안 해, 도와주는 친구가 있지, 투자보고서 작성, 마케팅, 고객 상담, HR까지 해줘." AI의 능력에 놀라 "AI에게 명함 하나 만들어줘야겠다"라며 대화를 마무리한다. 아마도 이런 게 미래에 흔히 볼 수 있는 회사의 모습이 아닐까. 인공지능은 인간의 일을 빼앗아 가는 위협적인 존재가 아니라 어떻게 활용하느냐에 따라 인간을 도와주고 업무 효율성을 극대화해주는 도우미가 될 수 있다. 물론 적절하게 잘 활용한다면 말이다. 인공지능 시대의 AI는 회사에서는 일 잘하는 동료나 후배, 학교에서는 잘 가르치는 교사, 집에서는 똑똑한 비서가 되고, 경로당에서는 어르신의 친절한 말벗이 될 수도 있을 것이다.

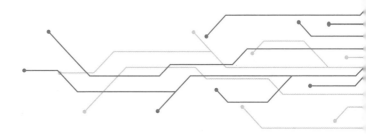

이노베이터부터 지각수용자까지, 변화를 수용하는 유형

세상 변화를 이해하고 수용하는 방법과 유행에 대해 일본의 미래 예측 전문가 구사카 기민토는 '유행의 보급률'과 '유행을 수용하는 사람들의 유형'으로 설명하고 있다. 그 내용을 요약해 소개하면 대충 다음과 같다.*

우선, 유행의 순서는 보급률에 따라 모드mode, 패션 fashion, 스타일style, 예복의 순서로 나타난다. 모드는 새로운 양식이 최초로 나타났을 때를 말하고, 시간이 흘러 세

---

* 구사카 기민토, 《미래를 읽는 사람, 못 읽는 사람》, 새로운 제안, 2004, 17~32쪽

상에 널리 퍼지게 되면 패션이 된다. 시간이 더 경과해 대다수 사람이 수용하면 스타일이 되고, 더 시간이 흐르면 스타일로 굳어진 것 중 일부가 최종적으로 일상생활과 거의 관계없는 거추장스러운 예복이 되면서 점점 사회에서 사라진다. 이것이 보급률 개념이며, 그 사례로 넥타이를 든다. 현대적 넥타이의 기원은 크로아티아였고, 17세기 파리로 건너온 크로아티아 출신 외인 용병이 목에 감던 멋진 목도리가 그 시작이었다. 상류층 일부가 이를 흉내 내면서 넥타이는 프랑스의 첨단 복식 모드가 되었고, 이것이 발전해 귀족사회의 패션이 된다. 19세기 영국으로 유행이 전해지면서 신사의 스타일로 정착하고, 사회 전반에 보급된다. 이제 넥타이는 획일화된 의상이 되었고, 특별한 때에만 입는 예복 취급을 받고 있다.

또 하나의 설명은 상품의 유행 현상을 대하는 소비자 유형인데, 이는 혁신확산이론으로 유명한 에버렛 로저스 Everett Rogers의 연구를 기반으로 한다. 로저스는 소비자를 다섯 유형으로 구분했다. 첫 번째는 이노베이터innovator, 즉 도전자 혹은 혁신가이다. 그들은 도전, 창조, 개성을 선호하며 항상 새로운 것에 도전하고 독창적인 것을 즐기지만, 사회적으로는 소수이다. 전체의 2.5% 정도로 40명 중 한 명꼴이다. 앞의 보급률 관점으로 보면 모드에 해당한다.

두 번째는 얼리 어답터early adopter, 즉 초기 수용자이다. 오피니언 리더에 해당하며 전체의 13.5% 정도 된다. 이들은 누구보다 빨리 정보를 수집하고 이노베이터를 관찰하며, 사회적 리더가 되는 데서 삶의 보람을 느낀다. 이들이 새로운 걸 수용하면 패션이 된다.

세 번째는 다수 수용자follower이다. 전체의 68%를 차지하고 가장 큰 비중이므로 대중이라고도 한다. 이 그룹은 다시 둘로 나뉘는데 34%는 전기 다수 수용자, 나머지 절반은 후기 다수 수용자이다. 전기 다수 수요자는 새로운 것을 수용할 때 처음에는 잘 나서지 않다가 다른 사람이 하면 따라 하는 경향이 강하며, 튀지 않게 수용한다. 후기 다수 수용자는 자신이 변화 당사자가 되는 데 대해 공포심을 갖고 있으며 변화에 둔감하다. 하지만 보급률이 50%를 넘으면 남들에게 뒤처지지 않기 위해 결국 수용한다. 전기 다수 수용자와 후기 다수 수용자, 즉 대중 모두가 수용하면 그 사회의 스타일이 된다.

마지막은 지각수용자인데, 이들은 전통주의자이다.

전체의 16% 정도로 이들은 전통적 방식을 선호하며, 변화에 둔감한 정도가 아니라 무관심하거나 저항감을 가지는 편이다. 새로운 것, 신기한 것을 경멸하기까지 한다. 지각 수용자라고 해서 지식이 부족한 사람인 것은 아니다. 20세기 말 인터넷과 PC가 상용화되고 빠르게 보급되던 시절, 프랑스 철학자나 포스트모더니즘 석학들은 정보화를 비판하면서 일부러 이런 흐름을 거부하고 전통적 방식을 고수했었다. 물론 그것도 잠시였을 것이다. 오늘날 이메일, 소셜미디어, 스마트폰을 사용하지 않는 석학은 거의 찾아볼 수 없다. 일시적인 유행이라면 거부할 수 있지만, 도도한 변화의 흐름을 거스를 수는 없는 법이다.

유행이 보급되고 확산되는 것과 새로운 상품을 수용하는 유형에 대한 일반적인 법칙이나 패턴은 디지털 사회에서도 똑같이 적용할 수 있다. 디지털 기술과 상품, 인공지능 등에 대해서도 보급률과 기술의 수용 유형으로 설명이 가능할 것이다. 인공지능도 보급률 추이에 따라 모드, 패션, 스타일 단계로 발전할 수 있으며, 다만 마지막 단계에서는 예복이 되어 사라지기보다는 또 다른 인공지능 기술로 대체된다고 보는 것이 맞을 것이다.

구분	특징	비중	보급률에 따른 단계
이노베이터	기술 마니아로서 인공지능 트렌드에 밝으며 능숙하게 활용하면서 변화를 주도함	2.5%	모드
얼리 어답터	인공지능에 대한 정보를 빠르게 주목, 수용하고 인공지능 역량이 비교적 뛰어남	13.5%	패션
다수 수용자(대중)	주변에서 많이 사용하면 인공지능을 배워 사용함	34%	스타일
	대다수가 인공지능을 사용하면 마지 못해 사용함	34%	
지각 수용자	인공지능을 잘 모르고 배우려고도 하지 않음	16%	예복-

* 인공지능 수용 유형에 따른 분류*

오늘날 생성형 인공지능을 비롯해 AI 기술과 상품은 우리 사회에 빠르게 보급·확산되고 있다. 지금은 모드나 패션 단계이지만, 어느 순간 스타일이 되고 우리 일상이 될 것이다. 이런 변화의 시기에 어떤 사람은 인공지능 시대의 이노베이터나 얼리 어답터로 살 것이고 어떤 사람은 다수 수용자로, 그리고 나머지 사람들은 지각수용자로서 인공지능을 사용하지 않으려는 사람도 있을 것이다. 모든

---

* 《미래를 읽는 사람, 못 읽는 사람》 (구사카 기민토, 새로운 제안, 2004) 참조하여 재작성

개인과 조직, 기업도 이노베이터, 얼리 어답터, 대중, 지각 수용자 중 어느 한 그룹으로 분류할 수 있다. 같은 인공지능 시대를 살아가지만, 여러 유형의 사람들이 서로 다르게 살며 공존하고 있다.

인공지능 시대의 가장 유용한 도구인 인공지능을 얼마나 빨리 수용하고 얼마나 잘 활용하느냐에 따라 이노베이터도 될 수 있고, 지각수용자가 될 수도 있다. 그에 따라 경쟁력과 미래도 달라질 것이다. 피할 수 없으면 즐겨야 한다. 인공지능은 피할 수 없는 대세 기술이다. 인공지능 시대를 능동적으로 준비하고 변화를 선도하려면 이노베이터나 얼리 어답터가 되려는 자세가 필요하다.

인공지능과 만나는 지점, 그곳에서 AI 문화가 시작된다

　인공지능은 혁신의 도구이고, 새로운 도구를 사용하는 것 또한 새로운 문화이다. 인공지능 시대의 새로운 문화는 어떻게 펼쳐질까. 우선 인간과 인공지능과의 관계에 따라 다양한 삶이 가능할 것이다. 인공지능이 사회변동의 핵심 동인이 되면, 인공지능과의 관계가 개인의 삶과 문화를 규정할 가능성이 크다. 인공지능으로부터 소외되면 사회화에 뒤처져 도태될 것이고, 반면 인공지능을 올바르면서도 제대로 활용한다면 혁신가나 얼리 어답터로서 미래 문화를 주도할 수 있다. 인공지능이 예술, 문학, 음악 등 다양한 문화예술 분야에서 인간과 함께 작품을 창작·생성하거나 새로운 아이디어와 인사이트를 제공함으로써 인간과 인공지능의 협업이라는 새로운 문화가 만들어질 수도 있다.

디지털의 전도사 네그로폰테는 디지털 사회에서는 특히 인터페이스가 중요하다고 강조했다. 인터페이스는 두 개의 시스템이나 개체 간에 상호작용이 일어나는 지점을 말한다. 디지털 사회에서는 컴퓨터와 인간, 그리고 인공지능과 인간이 만나고 소통하는 방법이나 매개체가 중요하다는 의미이다. 컴퓨터의 키보드나 마우스, 자동차의 핸들, 콘센트 등은 인간과 기계가 만나는 물리적 인터페이스이고, 스마트폰의 사용자 인터페이스UI, 소프트웨어를 위한 API* 등은 디지털 인터페이스이다. 인공지능 시

---

* API(Application Programming Interface), 즉 응용 프로그래밍 인터페이스는 중요한 개념이다. 운영 체제와 응용프로그램 사이의 통신에 사용되는 언어나 메시지 형식을 말하는데, 서로 다른 소프트웨어 프로그램들이 통신하고 데이터를 주고받을 수 있도록 연결해주는 다리 같은 것으로 생각하면 된다. 한국과학기술정보연구원(KISTI)이 운영하는 '사이언스 온' 블로그에서는 API를 가게 점원에 비유한다. 점원은 손님 주문을 받아 요리사에게 전달하고, 요리사에게 받은 음식을 손님에게 전달하는데, 점원 역할처럼 API는 중간 전달자라고 설명한다. 또 구글 제미나이는 레스토랑 메뉴판에 비유해 설명한다. 레스토랑 메뉴판은 손님(사용자)이 원하는 음식(데이터)을 주문(요청)할 수 있도록 메뉴(API)를 제공한다. 손님이 메뉴판을 보고 원하는 음식을 주문하면 주방(서버)에서 음식을 만들어 손님에게 제공하듯이, API를 통해 원하는 데이터를 요

대에 인간과 인공지능이 어떻게 만나고 소통하는지를 이해해야 인공지능과 인간의 관계를 올바로 정립할 수 있을 것이다.

2022년에 처음 발간된 〈메타 트렌드 보고서〉를 보면, 새로운 문화 트렌드로 '뉴 테킬리브리엄New Techquilibrium'을 제시했는데, 이것도 비슷한 맥락이다. 이 신조어는 기술Technology과 균형Equilibrium을 합성한 용어로 '기술과 인간의 관계가 균형을 이루는 문화'를 뜻한다. 기술이 우리 삶의 모든 측면에 스며들면서 인간은 점점 더 기술에 의존하게 되고, 기술과 인간의 상호작용이 중요해진다. 따라서 첨단기술의 발전이 가져다주는 편익과 함께 문제점도 인식하면서 기술과 인간이 조화롭게 공존하는 최적의 지점을

청하고 시스템은 그에 맞는 데이터를 제공한다. API는 다양한 분야에서 활용돼 비즈니스 모델을 만들고 있다. 페이팔, 카카오페이 등 결제 API를 이용하면 온라인 쇼핑몰에서 간편 결제 환경을 구축할 수 있다. 페이스북, 구글 등 소셜 로그인 API를 활용해 사용자 회원가입을 할 수 있게 하거나 사용자 정보를 기반으로 맞춤형 서비스를 제공할 수 있으며, 오픈AI의 API를 활용해 응용 AI 서비스 프로그램을 만들 수도 있다. AWS 클라우드, 구글 클라우드 플랫폼 등 API를 통해 서비스 제공 플랫폼을 구축하거나 새로운 애플리케이션을 개발하는 비즈니스, 자사가 보유한 데이터를 날씨 데이터 API, 금융 데이터 API 등으로 다른 기업이나 개발자에게 제공하고 사용료를 받는 비즈니스 등 API를 이용한 비즈니스는 무궁무진하다. 오늘날 소프트웨어 개발에서 API는 필수요소이다. 인공지능 분야에서도 API를 활용한 비즈니스는 점점 많아질 것이다. API를 활용하면 개발시간을 단축할 수 있고 다양한 응용 기능을 개발할 수 있어 확장성이 크고 다른 개발자와의 협업도 가능하다.

찾으려는 노력이 필요하다는 것이다. 인공지능과 인간의 관계나 공존 문제도 마찬가지이다.

인공지능 시대에는 개인 맞춤형 문화도 확대될 것이다. 인공지능 기술은 개인 취향과 수요를 분석해내는 것이 가능하다. 덕분에 산업화 시대의 획일화된 대중문화 대신 개인 맞춤형 문화가 자연스러운 문화로 자리 잡을 수 있다. 가령 내가 사용하는 인공지능은 나의 청취 기록, 좋아요, 싫어요 등의 기호를 분석해 나의 음악 취향을 파악하고, 나의 취향에 맞는 맞춤형 플레이리스트를 만들며, 사용자 감정 상태를 실시간 분석해 그에 맞는 음악을 플레이해줄 수도 있을 것이다. 또 인공지능 기반의 음악 생성 도구를 활용하면 자신만의 음악을 만드는 것도 어렵지 않을 것이다.

인공지능 시대가 본격화되면 가상 체험이 일상화될지도 모른다. 증강현실이나 가상현실 같은 디지털 기술이 인공지능과 결합하면 사람들은 현실과 가상을 넘나들면서 완전히 새로운 경험을 만끽할 수 있을 것이다. 인공지능은 실제 장소나 관광지의 데이터를 기반으로 가상현실 공간을 구축해 마치 그곳에 있는 듯한 생생한 여행 경험을 제공해줄 수 있다. 또 역사적 사건이나 장소를 가상으로 구현해 마치 시간 여행을 가는 듯한 경험을 제공해줄 수 있으며, 증강현실 기술을 이용해 옷이나 가구를 가상으로 착용하거나 배치해보면서 구매 결정을 내릴 수 있게 도와줄 수도 있다.

인공지능 기술을 활용해 세계의 다양한 문화콘텐츠를 쉽게 접할 수 있게 되면서 문화의 글로벌화가 가속화되고, 문자 그대로 국경 없는 문화 체험도 가능해질 것이다. 이를테면, 인공지능 기반 실시간 통·번역 기술은 언어 장벽을 극복할 수 있게 해줌으로써 서로 다른 문화권 사람들이 콘텐츠를 자유롭게 교류하고 공유하는 것을 가능하게 만든다. 한국 드라마를 외국인도 자막 없이 자연스럽게 시청할 수 있고, 외국 유튜버 콘텐츠를 실시간 한국어 통역 서비스로 즐길 수도 있다.

한편, 인공지능에 대한 이해와 활용 교육 등은 점점 더 중요해질 것이고, 아울러 인공지능의 부작용과 윤리 문제도 중요한 사회적 이슈로 부각될 수밖에 없다. 그래서 AI가 'Deep learning(심층학습)'을 계속 이어간다면, 인간 또한 'Lifelong learning(평생학습)'을 해야만 한다. 이 과정에서 인공지능의 윤리적 이슈, 법적 규제, 사회적 영향 등에 대해서도 깊이 있는 성찰을 이어가야 한다.

이처럼 인공지능과 함께 살아갈 미래의 삶은 하나부터 열까지 모든 것이 달라질 수 있다. 인공지능이 우리의 삶과 문화를 어떻게 바꿀지에 대한 더 많은 상상과 예측, 준비가 필요하다. 미래의 우리 삶은 지금 우리가 뭘 하고 어떻게 미래를 준비하느냐에 달려 있다. 아무것도 하지 않는 것이야말로 가장 큰 위험이다. '오늘 나의 불행은 언젠가 내가 잘못 보낸 시간의 보복'이란 말이 있다. 인공지능 시대로 진입하는 현재의 시간을 잘못 보내면 미래에 뒤처지고 불행해질 수 있음을 잊지 말아야 한다.

인공지능이 가져올 기대와 두려움, 미래는 '우리'에게 달려 있다

인공지능은 여러 가지 모습으로 우리 삶 속 깊숙이 들어오고 있다. 인공지능이 인류의 미래와 우리 삶을 어떻게 바꿀지 관심을 두지 않는 사람은 아무도 없을 것이다. 인공지능 시대에 누가 어떤 기술로 돈을 버는지를 알려면, 인공지능에 대한 이해가 절대 필요하다.

스마트폰으로 음식을 주문하고, AI 비서에게 날씨를 물어보는 건 이제 일상이 되었다. 불과 몇 년 전만 해도 상상도 못 했던 일들이 현실이 되고 있다. 빠르게 변하는 세상에서 지혜롭게 살기 위한 효과적인 방법은 기술변화의 흐름과 돈의 흐름 등 '흐름'을 읽는 것이다. 새로운 AI 기술이 나올 때마다 언론 미디어와 소셜미디어가 들썩이고 주식시장이 요동친다. 이런 모든 게 우리가 주목해야 할 '흐름'이다. 이 흐름을 잘 읽는 사람은 돈도 벌고, 삶의 질도 높아진다. 그렇다고 해서 모두가 AI 전문가가 될 필요는 없다. AI 기술 없이도 AI 회사가 될 수 있고, AI 개발자가 아니어도 AI 활용 전문가는 될 수 있다. 더 많은 관심과 노력이 필요하다. 새로 나온 AI 앱을 써보고 AI 관련 소식도 꼼꼼히 챙겨보다 보면 어느 순간 흐름이 보일 것이다. 변화는 두려운 게 아니라 기회가 될 수 있다. AI라는 파도가 거세게 밀려오고 있다. 이 파도에 휩쓸리지 않으려고 피하거나 물러서기보다는, 과감히 서핑을 배워보는 용기와 도전이 필요하다.

물론 인공지능은 엄청난 편익을 가져다줄 혁신의 도구인 동시에 극단적 두려움의 대상이기도 하다. 르네상스 이후, 인간은 스스로 역사의 주체라 인식하며, 인간 중심의 세계관을 구축해왔다. 하지만 오늘날 논리적으로 생각하고 자율적으로 행동하는, 인간 이외의 주체가 등장할 가능성 때문에 인간은 두려움을 느끼고 있다. 가공할 AI

에 대한 두려움은 통제의 불확실성에서 비롯된다. 인간이 위협을 느끼는 대상은 물리적 위험, 고립, 질병, 초자연적 존재 등 여러 가지가 있지만, 미래의 불확실성과 불안 역시 엄청난 공포심을 안겨준다. 통제 불능의 AI로 인한 불확실성이 바로 그런 두려움일 것이다. 인간이 만들었지만, 특이점을 넘는 순간 인간 통제에서 벗어날 수 있다는 불안에서 극한의 두려움이 시작된다. 유럽연합이 세계 최초로 AI 규제법을 제정한 건 이 때문이다.

유럽연합은 2024년 5월 인공지능 기술 규제법인 'AI법AI Act'을 최종 승인했는데, 이로써 안면 인식을 한 뒤 프로파일링을 하는 등의 인권 침해 요소를 지닌 AI 서비스는 모두 금지된다. 2025년에는 인간 수준의 사고력을 지닌 범용 인공지능에 대한 규제도 시행된다.* 이런 규제를 만든다는 건 인공지능 기술을 능동적으로 받아들일 준비를 하는 것을 의미하며, 인공지능 시대가 코앞으로 다가

---

* 조은아 기자, "EU, 세계 첫 AI 규제법 11월 시행…韓은 AI 기본법도 못 만들어", 동아일보, 2024.5.23

왔음을 뜻하는 것이기도 하다.

　인공지능의 미래는 결국 인간의 기대와 두려움 사이, 그 어디쯤 위치하게 될 것이다. 인공지능에 대해 희망만 얘기해도 안 되고, 위험만 과장해도 안 된다. 기대만으로는 안 되며, 두려움과 불확실성을 극복해야 기회를 찾을 수 있다. 인공지능 시대를 맞아 무엇보다 인공지능의 실체에 대한 이해가 우선이다. 경험과 학습을 통해 인공지능 활용법을 제대로 익혀야 한다. 백문이 불여일견百聞不如一見인데, 인공지능 시대에는 '백견이 불여일행百見不如一行'이다. 직접 해보면서 배우고 익히고, 프롬프트 엔지니어링 역량을 체득해야 한다. 해 봐야 편익과 한계를 분간할 수 있다.

　인공지능과 함께 살아야 할 미래에는 인간과 인공지능의 관계가 매우 중요해질 것이고, 인공지능이 인간의 자리를 위협하고 대체하게 되는 극단적인 미래는 당연히 피해야 한다. 4차 산업혁명 전도사라 불리는 다보스 포럼의 클라우스 슈밥 의장은 인공지능에 대해 모두가 알아야 할 10가지를 제시했는데, 이중 마지막 두 가지는 인공지능과 인간의 관계에 대한 것이다. 하나는 '인공지능과 로봇공학은 인간을 필요 없는 존재로 만드는 것이 아니라 업무의 성격을 바꾼다는 것'이다. 즉 인공지능과 로봇이 반복 업무를 대체하고 자동화하면, 인간은 대인 관계와 관련된 업무에 더 많은 시간을 할애할 수 있을 것이라는 낙관적 예측이다. 또 하나는 '인공지능과 로봇공학의 영향력은 우리가 어떻게 도입하고 활용하는지에 달려 있을 것'이라는 관점이다.*

인공지능과 인간이 어떤 관계를 이룰지에 따라 인공지능은 인간의 협력자, 조력자, 파트너가 될 수도 있고 경쟁자가 될 수도 있으며, 인간을 위협하거나 지배하는 존재가 될 수도 있다. 가장 바람직한 관계는 인공지능이 인간의 파트너가 되면서도 인간이 인공지능을 제어·통제할 수 있는 관계이다. 분명한 것은 인간과 인공지능의 관계에 인

---

* 클라우스 슈밥, 《클라우스 슈밥의 제4차 산업혁명 THE NEXT》, 메가스터디북스, 2018, 183쪽

류의 미래와 우리 자신의 미래가 달려 있다는 점이다.

인공지능을 우리 사회가 어떻게 수용하는가에 따라 문화는 새로워질 것이고, 부의 생태계 또한 재편될 것이다. '어떤 인공지능을 어떻게 발전시켜 어떻게 활용할 것인가'에 대한 인문학적 성찰과 명확한 관점을 정립해야 한다. 인공지능이 인간의 삶을 변화시키겠지만, 인공지능을 만들고 수용하고 활용하는 것은 결국 인간 자신이라는 점을 인식하는 것이 가장 중요하다. 인공지능을 통해 어떤 삶을 살아갈지, 어떤 모습이 바람직할지 등을 그려보면, 그 미래를 만들 수 있을 것이다. 미래에 대한 관점을 갖고 세상을 보면 세상이 다르게 보일 것이다.

책 서두에 윌리엄 깁슨의 말을 인용했었다. "미래는 이미 우리 곁에 와 있다. 단지 골고루 분배되어 있지 않을 뿐이다." 그렇다. 우리가 부인해도 인공지능의 미래는 이미 우리 곁에 와 있다. 막을 수도, 피할 수도 없다.

참고문헌

1. 구본권, 《로봇시대, 인간의 일》, 어크로스, 2015

2. 김난도·전미영 외 9명, 《트렌드 코리아 2024》. 미래의 창, 2023

3. 김대식, 《인간 vs 기계》, 동아시아, 2016

4. 김대식·챗GPT, 《챗GPT에게 묻는 인류의 미래》, 동아시아, 2023

5. 구사카 기민토, 《미래를 읽는 사람, 못 읽는 사람》, 새로운 제안, 2004

6. 재레드 다이아몬드, 《총, 균, 쇠》, 김영사, 2023

7. 클라우스 슈밥, 《클라우스 슈밥의 제4차 산업혁명》, 새로운 현재, 2016

8. 클라우스 슈밥, 《클라우스 슈밥의 제4차 산업혁명, THE NEXT》, 메가스터디북스, 2018

9. 두일철·오세종, 《인공지능 시대의 문화기술》, 한빛아카데미, 2022

10. 바라트 아난드, 《콘텐츠의 미래》, 리더스북, 2017

11. 야마모토 야스마사, 《빅테크 미래 보고서》, 반니, 2022

12. 이광형, 《세상의 미래》, MID, 2018

13. 이광형, 《미래의 기원》, 인플루엔셜, 2024

14. 이명호, 《디지털 쇼크 한국의 미래》, 웨일북, 2021

15. 위키피디아(ko.wikipedia.org), 애플, 마이크로소프트, 엔비디아 등 빅테크 기업 항목

16. 정보통신기획평가원(IITP). <ICT 10대 이슈>, 2020~2023

17. 최연구, 《4차 산업혁명시대 문화경제의 힘》, 중앙경제평론사, 2017

18. 최연구, 《미래를 보는 눈》, 한울, 2017

19. 최연구, 《과학기술과 과학문화》, 커뮤니케이션북스, 2021

20. 최연구, 《미래를 읽는 문화경제 트렌드》, 중앙경제평론사, 2023

21. 최연구, 《10~15세 미래 진로 로드맵》, 물주는 아이, 2022

22. 최재붕, 《포노 사피엔스: 스마트폰이 낳은 신인류》, 쌤앤파커스, 2019

23. KAIST 문술미래전략대학원 미래전략연구센터, 《카이스트 미래전략 2024》, 김영사, 2023

24. 홍아름, 메타버스 생태계의 구성 요소 및 관련 기업동향, 〈기술과 혁신〉, 2022년 3/4월

25. 유발 하라리, 《호모 데우스 - 미래의 역사》, 김영사, 2017

26. 한국행정학회, 《대전환 시대의 미래 문화전략》, 조명문화사, 2023

27. 한국소프트웨어기술인협회 빅데이터연구소, 《빅데

이터 개론》, 광문각, 2021(개정판)

28. Clarke Arthur, 《Profiles of the future: An inquiry into the limits of the possible》, Bantam Books, New York, 1962

29. James Barrat, 《Our Final Invention: Artificial Intelligence and the End of Human Era》, Thomas Dunne Books, New York, 2013

30. Meta Platforms, <Meta Trends Report 2022>

31. Neal Stephenson, 《Snow Crash》, Penguin Books Australia, 1992

인공지능 시대에는 누가 부자가 되는가

초판 1쇄 인쇄   2024년 11월 22일
초판 1쇄 발행   2024년 11월 22일

지은이   최연구
펴낸이   김영범
기획·편집   최다엘
펴낸곳   (주)북새통·이오니아북스
주소   서울시 마포구 월드컵로36길 18 902호 (우)03938
전화 02-338-0117 **팩스** 02-338-7160   **이메일** thothbook@naver.com
출판등록   2009년 3월 19일(제 315-2009-000018호.)

©**최연구, 2024**
ISBN 979-11-94175-16-2 03320